Barbara Jaglarz, Georg Bemmerlein

Sportunterricht im Klassenzimmer

64 originelle Arbeitsblätter bei Platzsperre, Vertretung & Co.

Die Autoren

Barbara Jaglarz und **Georg Bemmerlein** verfügen über langjährige Unterrichtserfahrung und haben als Autoren bereits zahlreiche, erfolgreiche Bücher veröffentlicht.

Gedruckt auf umweltbewusst gefertigtem, chlorfrei gebleichtem und alterungsbeständigem Papier.

1. Auflage 2016

Schülerarbeiten: © B. Jaglarz und G. Bemmerlein
Grafik: B. Jaglarz, G. Bemmerlein und deren Lizenzgeber – sowie Julia Flasche: Covergrafik & Seiten 12, 37, 64 und Nataly Meenen: Seite 17, 61
Satz: Satzpunkt Ursula Ewert GmbH, Bayreuth

ISBN: 978-3-403-23600-9

www.persen.de

Inhaltsverzeichnis

Vorwort

Die Vertretung von Sportunterricht ist für fachfremde Lehrer oft eine heikle Angelegenheit. Die Regelungen in den Bundesländern sind je nach Altersstufen und Schularten verschieden. Der Umgang mit einer großen Gruppe von Kindern in einer Sporthalle ist psychologisch und disziplinarisch ungewohnt; die didaktische, physiologische und notfallmedizinische Ausbildung fehlt, auch die eigenen physischen Fähigkeiten lassen möglicherweise zu wünschen übrig. Viele Lehrer halten dann stattdessen im Klassenzimmer in einem anderen Fach Ersatzunterricht ab – was im Übrigen die meisten Sportlehrer, die wir kennen, auch für richtig halten. Oft lehnen auch die Schulleitungen aus Sicherheitsgründen fachfremden Vertretungsunterricht für das Fach Sport ab. Noch deutlicher wird dieses Problem schließlich im Teilfach Schwimmen, weil hier ohnehin nur Lehrer mit spezieller Ausbildung vertreten dürfen und Ersatzunterricht im Vertretungsfall zur Normalität wird.

Doch auch Sportlehrer selbst werden zuweilen schneller als ihnen lieb ist ins Klassenzimmer verbannt; beispielsweise dann, wenn Sporthalle, Schwimmbad bzw. Sportplatz renoviert werden und Wetter oder städtische Verkehrsumgebung bestenfalls Aerobic in der Aula zulassen, die dann selbstverständlich vom übenden Schulorchester besetzt ist. Und zuweilen müssen manche Schulen dem Schulträger während der Unterrichtszeit den Sportplatz oder die Sporthalle für schulfremde Veranstaltungen abtreten. So mancher Lehrer ist es dann leid, seine Schüler in Straßenkleidung fünfzigmal um den Pausenhof laufen zu lassen, um sie anschließend durchgeschwitzt und ungeduscht in den weiteren Schultag zu entlassen – und sucht dann lieber mit der Klasse den Klassenraum auf.

Auch die Schüler können zum Hindernis werden, wenn etwa eine von Warzen befallene Klasse nicht mehr ins Schwimmbad darf oder die Hälfte der von einer ansteckenden Krankheit geschlagenen Klasse vom Sportunterricht entschuldigt ist. Und dann gibt es da noch die Schüler, die vom Sportunterricht befreit sind oder ihre Sportutensilien vergessen haben. Sie schlagen oft in der Sporthalle oder im Schwimmbad, auf irgendeiner Sitzgelegenheit gelümmelt, gelangweilt die Zeit tot.

Nicht nur für eine ganze Klasse, sondern auch für einzelne Schüler, die aus verschiedenen Gründen am Sportunterricht nicht teilnehmen dürfen oder deren Gesundheit bzw. körperliche Verfassung nur eingeschränkte Übungen in der Halle zulassen, bietet dieser Band mit seinen Arbeitsblättern die Möglichkeit, eine unterrichtlich bewertbare Leistung zum Thema Sport zu erarbeiten und die Schüler sinnvoll und fachbezogen zu beschäftigen.

Dieser Band versucht in solchen Situationen, Abhilfe zu schaffen, indem er eine Sammlung von Arbeitsblättern vorlegt, die teils Motivation, teils einfache Theorie zum Fachthema Sport bieten:
Auf Abwechslung zwischen anregenden, impulsgebenden Aufgaben, meist Mal- bzw. Gestaltungsaufgaben, und Aufgabenstellungen sporttheoretischer Art wurde bewusst Wert gelegt. Ebenso wurde auf einfacheres Anspruchs- und Verständnisniveau der Texte und Darstellungen geachtet. Dem einfacheren Anspruch gemäß sind auch die Arbeitsaufträge für die Schüler angelegt und gestaltet.

Barbara Jaglarz und Georg Bemmerlein

Die Sporthalle – die Übungshalle für alle (A)

Viele Kinder können nur selten auf Bäume klettern und über Bäche und Gräben springen. Sie finden oft auch keine Gelegenheit, auf Baumstämmen zu laufen oder andere Hindernisse in der Natur zu überwinden. Das tun die Kinder deshalb in der Sporthalle. Hier können sie lernen und üben, wie man sich sicher und gesund bewegt. Sie heben, rollen, springen, drehen sich, steigen, klettern, rutschen, werfen, hängen, schaukeln und vieles mehr. Dafür gibt es entsprechende Turngeräte: Sprossenwände, Taue, Turnböcke, Turnbänke, Turnmatten, Sprungkästen und viele andere Geräte. Unter Anleitung und Aufsicht der Sportlehrer üben die Kinder diese Bewegungen, um sie später bei ihren Hobbys anwenden zu können, etwa beim Skateboardfahren und Inlineskaten, beim Schlittschuhlaufen, Windsurfen oder Bergsteigen.
Bei der Arbeit müssen die Menschen solche Bewegungen immer wieder ausführen, etwa in Handwerksberufen, bei der Feuerwehr oder der Polizei, aber auch bei vielen anderen Berufen.

Beantworte die folgenden Fragen in ganzen Sätzen:

1 Welche Bewegungsmöglichkeiten haben viele Kinder nicht?

____

2 Was können diese Kinder in der Sporthalle lernen?

____

3 Welche Turngeräte gibt es in der Sporthalle?

____

4 Für welche Hobbys ist das Erlernen bestimmter Bewegungen wichtig?

____

5 In welchen Berufen müssen Menschen solche Bewegungen immer wieder ausführen?

____

Die Sporthalle – die Übungshalle für alle (B)

Ergänze die Textlücken mit dem richtigen Wort aus dem Wörterkasten.

Turngeräte, Arbeit, Gelegenheit, drehen, Sporthalle, gesund, Sportlehrer, viele, ausführen, Bäume, lernen, Feuerwehr, anderen, Turnmatten, Hobbys

Viele Kinder können nur selten auf ________________ klettern und über Bäche und Gräben springen. Sie finden auch keine ______________________________, auf Baumstämmen zu laufen oder andere Hindernisse in der Natur zu überwinden.

Das tun die Kinder deshalb in der _________________________. Hier können sie _________________ und üben, wie man sich sicher und _______________ bewegt.

Sie heben, rollen, springen, _________________________ sich, steigen, klettern, rutschen, werfen, hängen, schaukeln und vieles mehr. Dafür gibt es entsprechende ___________________________: Sprossenwände, Taue, Turnböcke, Turnbänke, ____________________, Sprungkästen und _____________ andere Geräte.

Unter Anleitung und Aufsicht der __________________________ üben die Kinder diese Bewegungen, um sie später bei ihren ____________________ anwenden zu können, etwa beim Skateboardfahren und Inlineskaten, beim Schlittschuhlaufen, Windsurfen oder Bergsteigen.

Bei der _______________ müssen die Menschen solche Bewegungen immer wieder __________________, etwa in Handwerksberufen, bei der ____________________ oder der Polizei, aber auch bei vielen ________________ Berufen.

Die Sporthalle – die Übungshalle für alle (C)

Schneide die Textstreifen aus und klebe sie in der richtigen Reihenfolge auf ein Blatt.

Das tun die Kinder deshalb in der Sporthalle. Hier können sie lernen und üben, wie man sich sicher und gesund bewegt. Sie heben, rollen, springen, drehen sich, steigen, klettern, rutschen, werfen, hängen, schaukeln und vieles mehr.

Bei der Arbeit müssen die Menschen solche Bewegungen immer wieder ausführen, etwa in Handwerksberufen, bei der Feuerwehr oder der Polizei, aber auch bei vielen anderen Berufen.

Unter Anleitung und Aufsicht der Sportlehrer üben die Kinder diese Bewegungen, um sie später bei ihren Hobbys anwenden zu können, etwa beim Skateboardfahren und Inlineskaten, beim Schlittschuhlaufen, Windsurfen oder Bergsteigen.

Viele Kinder können nur selten auf Bäume klettern und über Bäche und Gräben springen. Sie finden auch keine Gelegenheit, auf Baumstämmen zu laufen oder andere Hindernisse in der Natur zu überwinden.

Die Sporthalle – Die Übungshalle für alle

Dafür gibt es entsprechende Turngeräte: Sprossenwände, Taue, Turnböcke, Turnbänke, Turnmatten, Sprungkästen und viele andere Geräte.

Die Sporthalle – verschiedene Turngeräte

Ordne den Nummern der Tabelle das richtige Turngerät aus der Zeichnung zu. Die Namen der Turngeräte stehen im Wörterkasten.

kleiner Turnkasten, Turnringe, Turnmatte, Turnbock, Turnbarren, großer Turnkasten, Minitrampolin, Sprossenwand, Turnbank

①	
②	
③	
④	
⑤	

⑥	
⑦	
⑧	
⑨	

Welche Turngeräte kennst du aus der Sporthalle deiner Schule?

Die Sporthalle – Geräteturnen

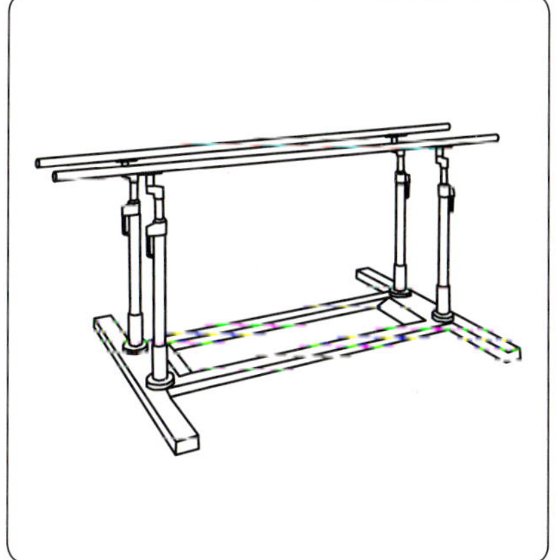

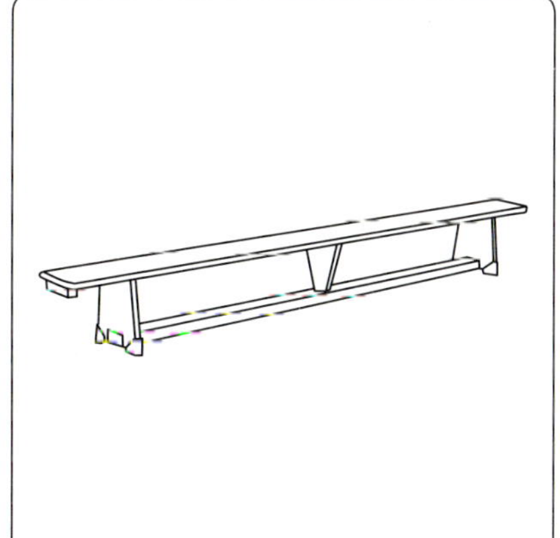

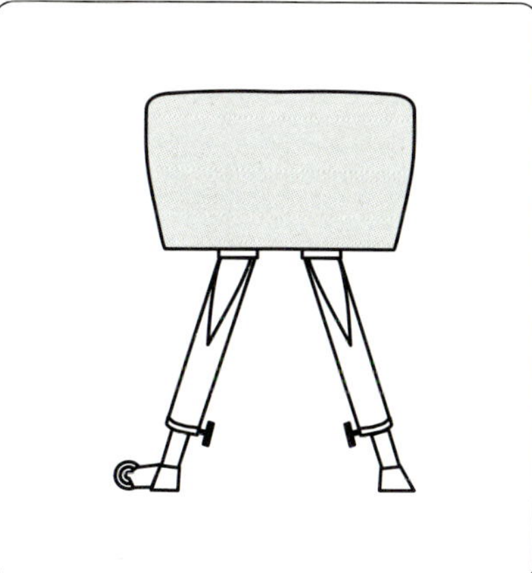

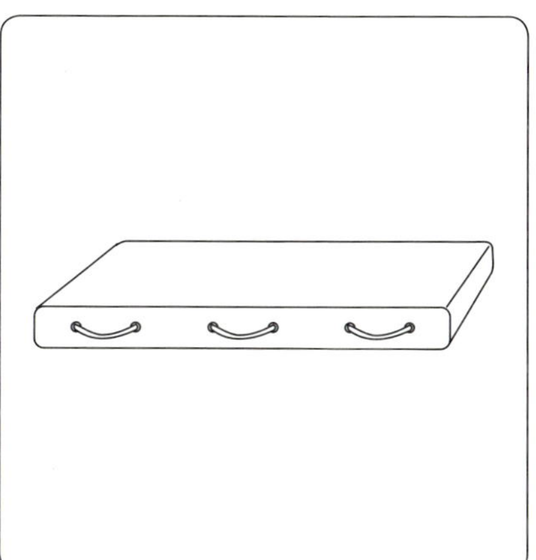

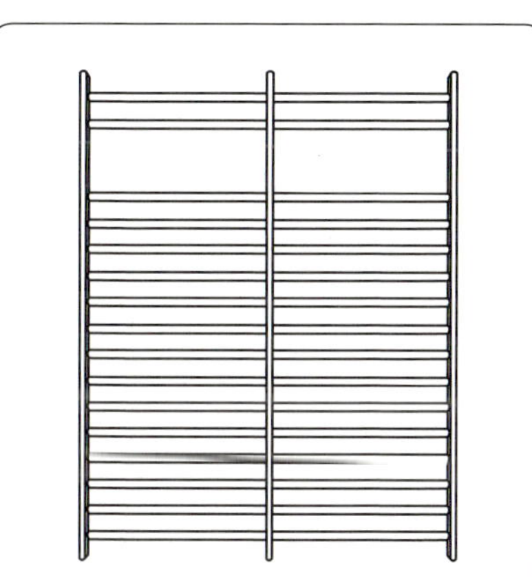

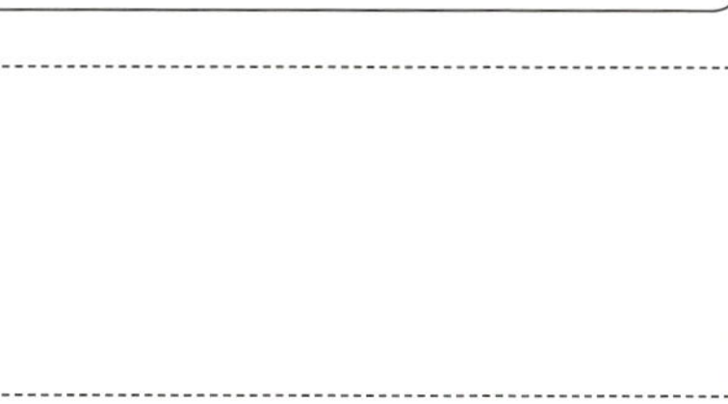

Schneide die Textfelder aus und klebe sie unter das passende Bild.

Zum Klettern, Hängen und Schwingen des Körpers ist die **Sprossenwand** da.	Mit einem **Sprungbock** werden Stützsprünge und Turnelemente wie Aufknien, Aufhocken und Aufgrätschen geübt.	Am **Barren** dominieren Schwung- und Flugelemente.
Am **Sprungkasten** üben und verbessern alle ihre Sprungkraft.	Dicke und weiche **Turnmatten** schützen Sportler bei Stürzen an Geräten oder werden gezielt als Sprungmatten genutzt.	Gleichgewicht, Kraft und Technik übt der Schüler auf der **Turnbank**. An die Sprossenwand gehängt, ist sie gut zum Rutschen.

Die Sporthalle – die richtige Kleidung

Nicht jede Kleidung eignet sich für den Sport in der Sporthalle. Wichtig ist die leichte Sportkleidung: ein T-Shirt, eine kurze oder lange Hose und bequeme Sportschuhe mit heller Sohle. Dazu trägt man die Ausrüstung, die man für bestimmte Sportarten braucht, zum Beispiel Bandagen, Schoner oder andere Schutzvorrichtungen. Schmuck, also Ohrringe, Armringe, Halsketten, Fußkettchen, Fingerringe und Armbändchen dürfen in der Halle beim Sport nicht getragen werden. Dieses Verbot schützt vor Verletzungen. Aber es garantiert auch, dass der Schmuck nicht verloren geht, beschädigt oder verschmutzt wird. Auch Uhren, Unterhaltungselektronik und Handys sollen im Umkleideraum in der Sporttasche oder besser in einem abschließbaren Sammelkasten bleiben. Diese Regel dient dazu, dass die Geräte nicht Schaden nehmen oder gestohlen werden. Sehr lange Haare bindet man beim Sport zusammen, um Unfälle zu vermeiden. Damit Haare nicht ins Gesicht fallen, verwendet man am besten ein Stirnband. Brillen müssen abgenommen werden, wenn es sich nicht um spezielle Sportbrillen handelt. Übrigens sollte auch Essen nicht in die Sporthalle mitgebracht werden. Wenn man damit den Boden verschmutzt, kann es Unfälle geben, wenn jemand ausrutscht.

Weißt du, was in der Sporthalle für den Sport erlaubt ist? Schreibe auf.

Kleid, Ohrringe, Sandaletten, kurze enge Hose, Turnschuhe, Armband, lange Sporthose, Brille, Sportjacke, Halskette, Handtuch, Kaugummi, Knieschoner, Trainingsanzug, Stiefel, Traubenzucker, Armbanduhr, Stirnband, Kopfhörer und MP3-Player

erlaubt:

____

____

____

verboten:

____

____

____

Die Sporthalle – richtig oder falsch?

Lies genau: Welche Sätze sind richtig? Kreuze die Lösungsbuchstaben blau an, wenn die Aussagen richtig sind. Kreuze sie rot an, wenn die Aussagen falsch sind. Die angekreuzten Buchstaben ergeben je ein Lösungswort.

1	Schmuck darf in der Halle beim Sport getragen werden.	S
	Schmuck darf in der Halle beim Sport nicht getragen werden.	P
2	Essen darf nicht in die Sporthalle mitgebracht werden.	E
	Essen darf in die Sporthalle mitgebracht werden.	T
3	Wichtig ist leichte Sportkleidung.	R
	Wichtig ist dicke Schutzkleidung.	A
4	Bandagen, Schoner und andere Schutzvorrichtungen dürfen beim Sport in der Halle getragen werden.	F
	Bandagen, Schoner und andere Schutzvorrichtungen sind beim Sport in der Halle grundsätzlich nicht erlaubt.	D
5	Lange Haare lässt man beim Hallensport offen.	I
	Lange Haare bindet man beim Sport in der Halle zusammen.	E
6	Jede Kleidung eignet sich zum Sport in der Halle.	O
	Nicht jede Kleidung ist für Hallensport sinnvoll und vernünftig.	K
7	Wichtig sind bequeme Sportschuhe mit heller Sohle.	T
	Wichtig sind bequeme Sportschuhe, die Sohle ist egal.	N

Das Lösungswort für die richtigen Aussagen:

Du bist

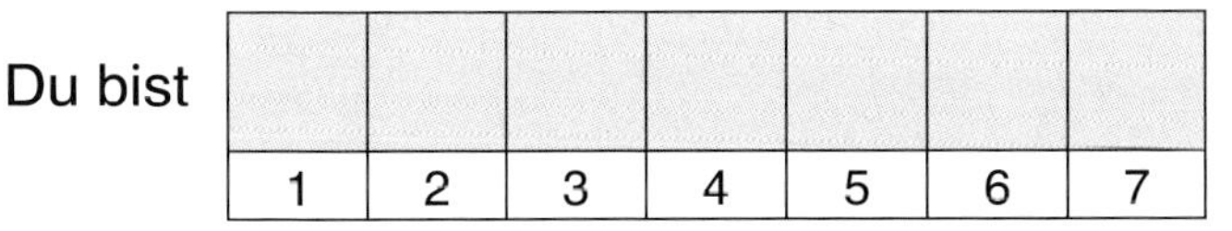

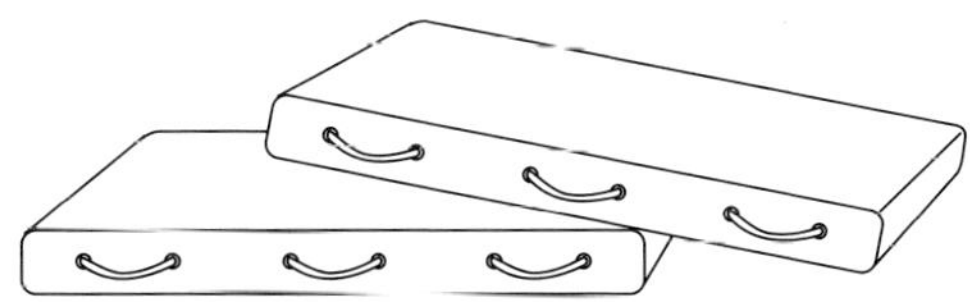

Achtung: Die falschen Buchstaben ergeben auch ein Lösungswort:

Größer als die Sporthalle ist das

1	2	3	4	5	6	7

Die Sporthalle – Fehlersuchbild

Im unteren Bild haben sich 15 Fehler versteckt. Finde sie und kreise sie ein.

Die Sporthalle – null Bock auf Bock?

Male einen tollen Turnbock mit coolem Muster.

Die Sporthalle – Mandala

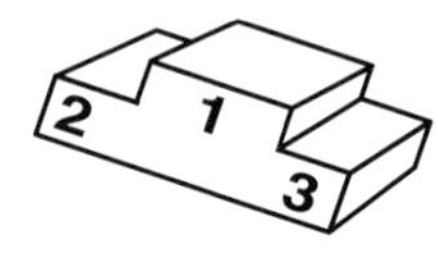

Male das Mandala bunt aus.

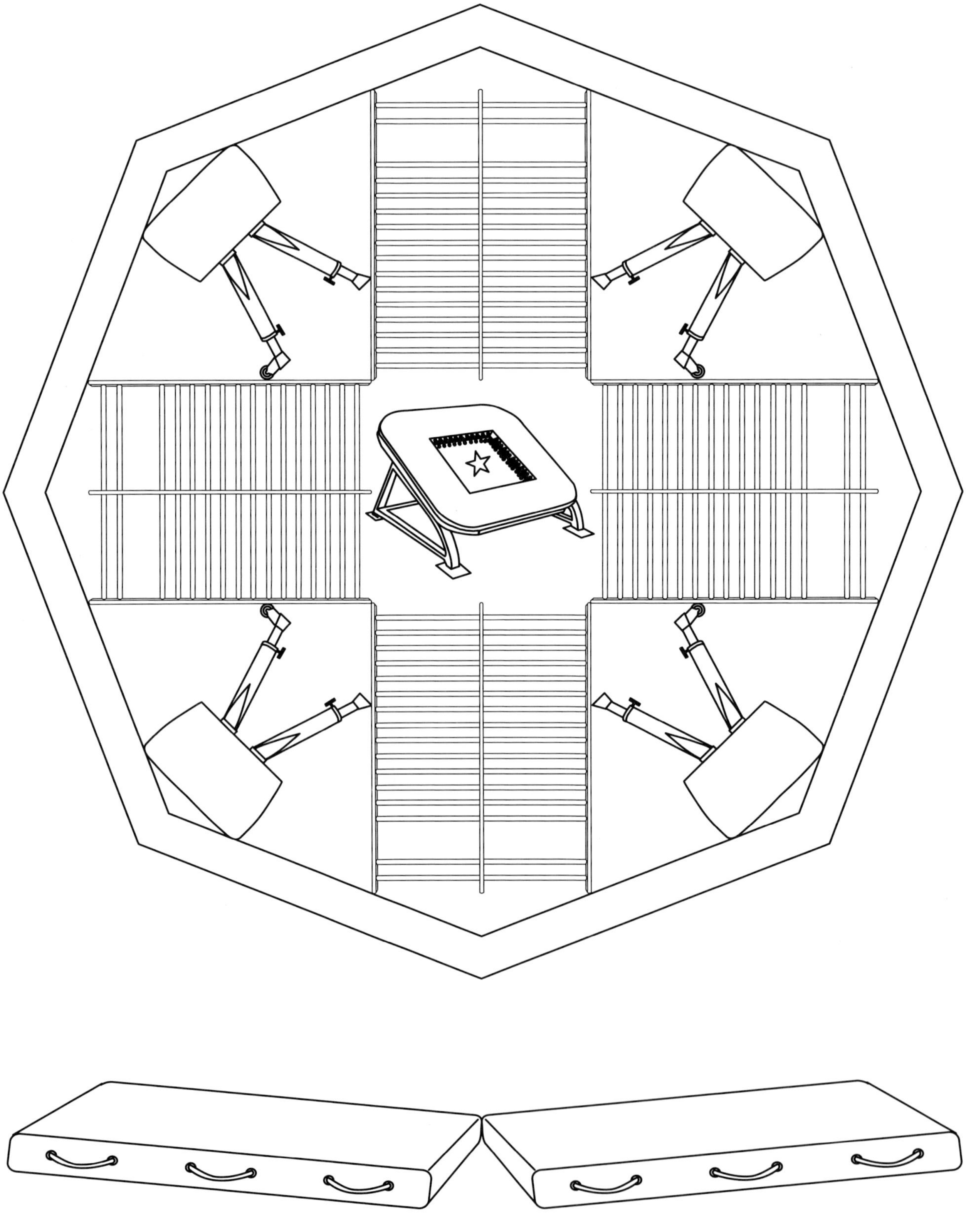

Schwimmen – Freizeitbeschäftigung und Sport (A)

Mit „Schwimmen“ meinen die meisten Menschen Toben, Planschen und Baden, auch wenn dabei nur im Wasser gestanden oder gesessen wird. Viele Menschen tun das in ihrer Freizeit. Sie schwimmen in Naturgewässern wie Flüssen, Seen und im Meer oder in Frei-, Hallen- und Spaßbädern. Schwimmen wird aber auch zur Förderung der Gesundheit und als Wettkampfsport betrieben. Es kann außerdem für einen Beruf wichtig sein, etwa bei Rettungsschwimmern oder Berufstauchern.
Sportschwimmen ist ein Wettkampf, bei dem eine festgelegte Strecke möglichst schnell geschwommen wird. Dabei müssen die Schwimmer einen festgelegten Schwimmstil verwenden. Schwimmwettbewerbe finden in Hallen- und Freibädern statt. Die Längen der Strecken sind 50 m, 100 m, 200 m, 400 m, 800 m, 1500 m und 5000 m.
Ein Wettkampfbecken in der Halle hat meist acht Bahnen. Wenn mehr Schwimmer antreten, als es Bahnen gibt, führt man mehrere Läufe durch. Die Bahnen sind durch Leinen voneinander getrennt, die Wellen von den Nachbarbahnen abhalten sollen. Auf dem Boden des Schwimmbeckens ist jede Bahnmitte zur Orientierung der Schwimmer durch einen 25 cm breiten schwarzen Strich gekennzeichnet.

Beantworte die Fragen:

1 Was meinen die meisten Menschen mit „Schwimmen“?

____

2 Wo können sie schwimmen?

____

3 Was ist Sportschwimmen?

____

4 Wie lang sind die Schwimmstrecken?

____

5 Wodurch sind die Bahnen getrennt?

____

Schwimmen – Freizeitbeschäftigung und Sport (B)

Ergänze die Textlücken mit dem richtigen Wort aus dem Wörterkasten.

> Schwimmer, antreten, Wettkampf, Gesundheit, abhalten, Leinen, schwarzen, Halle, Freizeit, Beruf, Läufe, schwimmen, Orientierung, verwenden, Längen, Menschen

Mit „Schwimmen“ meinen die meisten ________________ Toben, Planschen und Baden, auch wenn dabei nur im Wasser gestanden oder gesessen wird. Viele Menschen tun das in ihrer ______________. Sie ________________ in Naturgewässern wie Flüssen, Seen und im Meer oder in Frei-, Hallen- und Spaßbädern. Schwimmen wird aber auch zur Förderung der ________________ und als Wettkampfsport betrieben. Es kann auch für einen _________ wichtig sein, etwa bei Rettungsschwimmern oder Berufstauchern.

Sportschwimmen ist ein ________________, bei dem eine festgelegte Strecke möglichst geschwommen wird. Dabei müssen die ________________ einen festgelegten Schwimmstil ________________. Schwimmwettbewerbe finden in Hallen- und Freibädern statt. Die ___________ der Strecken sind 50 m, 100 m, 200 m, 400 m, 800 m, 1500 m und 5000 m.

Ein Wettkampfbecken in der _________ hat meist acht Bahnen. Wenn mehr Schwimmer ________________, als es Bahnen gibt, führt man mehrere _________ durch. Die Bahnen sind durch ___________ voneinander getrennt, die Wellen von den Nachbarbahnen _______________ sollen. Auf dem Boden des Schwimmbeckens ist jede Bahnmitte zur ________________ der Schwimmer durch einen 25 cm breiten ________________ Strich gekennzeichnet.

Schwimmen – die Schwimmarten

Brustschwimmen

Die häufigste Schwimmart ist das Brustschwimmen. Der Schwimmer liegt auf dem Bauch im Wasser und bewegt Arme und Beine. Die angezogenen Beine stößt er gespreizt nach hinten, schließt sie und zieht sie wieder an den Körper. Zugleich zieht er die vor den Kopf gestreckten Arme mit Druck nach hinten und streckt sie an der Brust wieder nach vorn. Der Kopf kann dabei immer über Wasser gehalten werden.

Rückenschwimmen

Beim Schwimmen auf dem Rücken strampelt der Schwimmer mit den Beinen aus der Hüfte, genau wie beim Freistilschwimmen. Die Arme kreisen abwechselnd nach oben und tauchen gedreht vor dem Kopf ins Wasser, sodass die Handflächen unter Wasser Druck ausüben können, bevor sie unterhalb der Hüfte aus dem Wasser gezogen werden. Wie beim Brustschwimmen muss der Kopf nicht unter Wasser genommen werden. Diese Schwimmart ist relativ langsam und man findet sie häufig nur im Sportschwimmen.

Delfinschwimmen

Beim Delfinschwimmen stößt der Schwimmer mit dem Oberkörper aus dem Wasser, nimmt die Arme vor den Kopf, gleitet in einer Wellenbewegung unter das Wasser und zieht sich mit den Armen, unterstützt vom Beinschlag, durch das Wasser vorwärts und wieder nach oben. Der Schwimmer kann nur über Wasser Luft holen und atmet unter Wasser aus. Der Delfinstil sieht gut aus, ist aber schwer zu lernen.

Freistilschwimmen

Beim Freistilschwimmen streckt der Schwimmer die Arme über Wasser abwechselnd vor den Kopf und zieht sie kräftig unter dem Körper durchs Wasser, bis er sie an der Hüfte wieder aus dem Wasser bringt. Der strampelnde Beinschlag dient vor allem der Stabilisierung des Schwimmers. Der Kopf liegt flach unter Wasser und wird zum Atemholen nach je zwei, drei oder vier Armzügen zur Seite gedreht. Ausgeatmet wird unter Wasser. Freistilschwimmen ist wirkungsvoll und schnell.

Schreibe jeweils die richtige Schwimmart unter die Abbildungen.

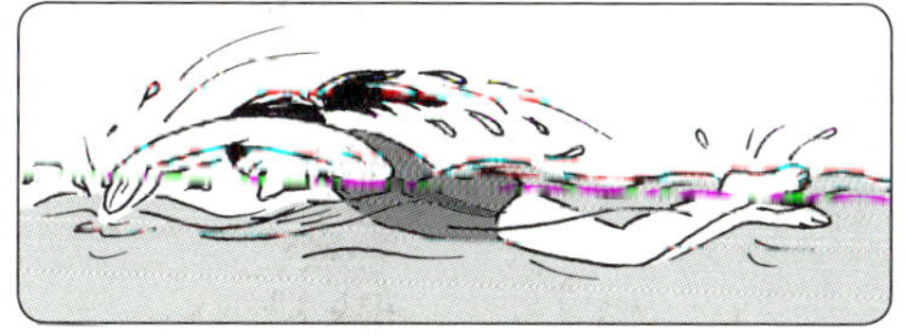

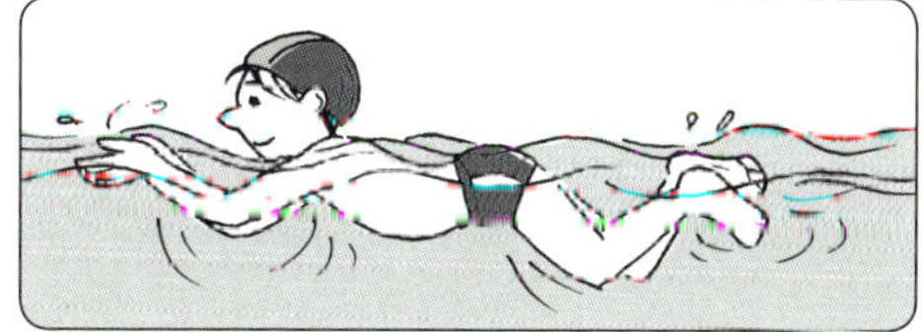

Schwimmen – Welche Schwimmart ist richtig?

**Lies die folgenden Sätze genau. Kreuze die richtige Schwimmart an.
Die richtig angekreuzten Buchstaben ergeben das Lösungswort.**

1 Dies ist die wirkungsvollste und schnellste Schwimmart.

K Delfinschwimmen	**D** Brustschwimmen	**R** Rückenschwimmen	**B** Freistilschwimmen

2 Es ist eine seltene und relativ langsame Schwimmart.

I Freistilschwimmen	**A** Rückenschwimmen	**E** Delfinschwimmen	**O** Brustschwimmen

3 Diese elegante Schwimmart ist schwer zu erlernen.

D Delfinschwimmen	**R** Brustschwimmen	**V** Freistilschwimmen	**M** Rückenschwimmen

4 So heißt die am häufigsten praktizierte Schwimmart.

A Freistilschwimmen	**M** Rückenschwimmen	**E** Brustschwimmen	**S** Delfinschwimmen

5 Der Schwimmer stößt dabei mit dem Oberkörper aus dem Wasser.

N Rückenschwimmen	**H** Delfinschwimmen	**T** Brustschwimmen	**K** Freistilschwimmen

6 Der Schwimmer stößt die angezogenen Beine gespreizt nach hinten.

O Brustschwimmen	**B** Freistilschwimmen	**E** Rückenschwimmen	**N** Delfinschwimmen

7 Der Kopf wird nach je zwei, drei oder vier Armzügen zur Seite gedreht.

N Delfinschwimmen	**R** Rückenschwimmen	**S** Freistilschwimmen	**L** Brustschwimmen

8 Die Arme tauchen gedreht vor dem Kopf ins Wasser.

L Freistilschwimmen	**E** Rückenschwimmen	**P** Brustschwimmen	**R** Delfinschwimmen

Das Lösungswort für die richtigen Buchstaben lautet:

1	2	3	4	5	6	7	8

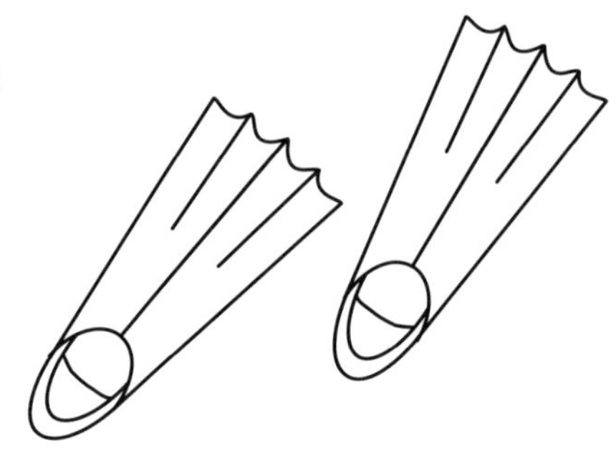

Schwimmbad-Regeln

1. Auf die Anweisungen der Wachtmeister kann gepfiffen werden.
2. Es ist Wasserverschwendung, vor dem Baden zu duschen.
3. Wer vom Beckenrand in das Wasser springt, sollte erst mal gucken, ob da einer schwimmt oder das Wasser zu flach ist.
4. Wer im Bad rennt und auf die Nase fällt, weil nasse Fliesen glatt sind, soll nicht herumheulen.
5. Guten Appetit beim Essen und Trinken im Wasser. Wer den Dreck im Wasser ungesund findet, soll daheim bleiben.
6. Wem der Boden im Bad zu schmutzig ist, der kann seine Schuhe anbehalten.
7. Wer im Bad unbekleidet herumläuft, darf auch angeglotzt werden.
8. Schmuck, Uhren und Geldbörsen, die herumliegen, freuen den unehrlichen Finder.

Stadtspassbadverwaltung Schilda

Mache dein eigenes Schild mit fünf Regeln für ein richtiges Verhalten im Schwimmbad.

Schwimmen – neue Schwimmbretter

Der Bademeister hat die neuen Schwimmbretter mitgebracht und auf einen Haufen gelegt. Zähle sie.

Du kannst die Schwimmbretter mit verschiedenen Farben abwechselnd markieren und nummerieren, das macht das Zählen leichter.

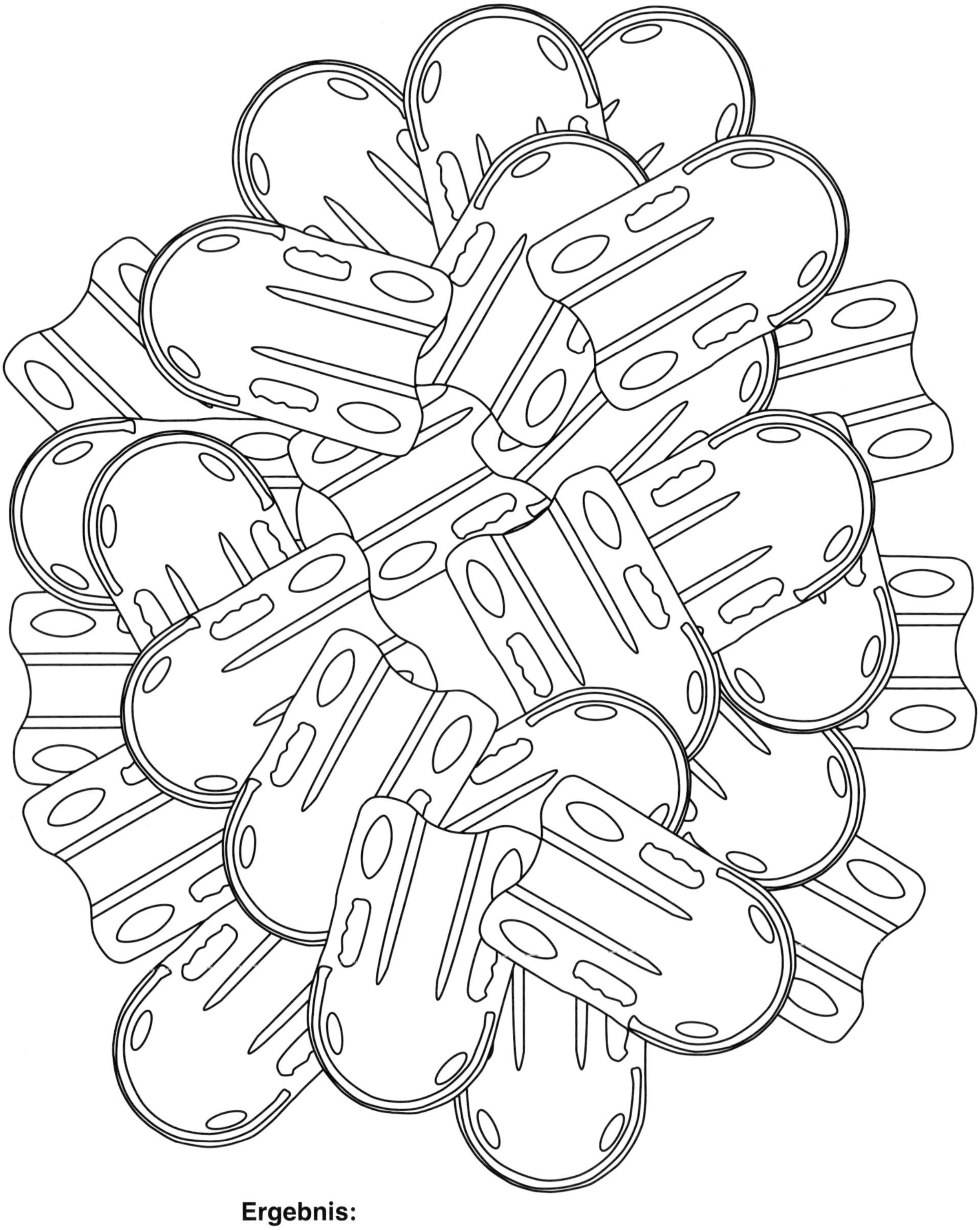

Ergebnis:

Es sind ____________ Schwimmbretter.

Schwimmen – „Des Schwimmmeisters Badehose“

Gestalte die beste und schönste aller Schwimmmeister-Badehosen.

Schwimmen – Mandala

Male das Mandala bunt aus.

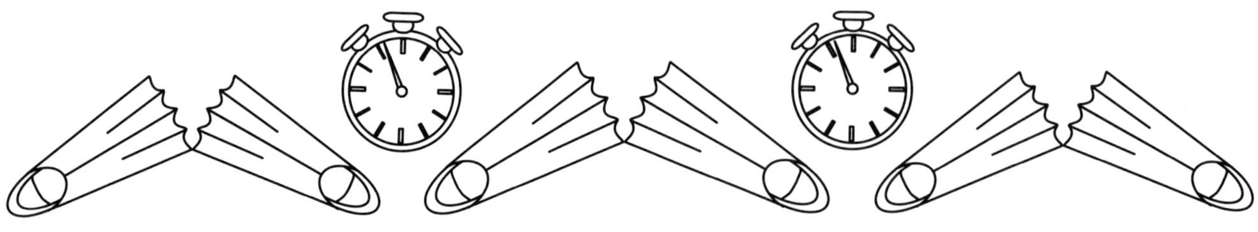

Königsball – das spannende Wurf- und Fangspiel (A)

Königsball ist ein einfaches und spannendes Ballwurf- und Fangspiel. Dabei spielen mehrere gleich große Gruppen gegeneinander. Eine Gruppe sollte mindestens sechs Spieler haben. Für jede Gruppe braucht man einen Ball. Das Spiel geht so:

Die Spieler jeder Gruppe wählen einen König. Er steht mehrere Meter vor der Gruppe. Die anderen Spieler der Gruppe stellen sich hintereinander auf. Nach einem Anfangssignal beginnen die Könige dem vordersten Spieler ihrer Gruppe den Ball zuzuwerfen. Der fängt ihn, wirft ihn zurück und setzt sich hin. Nun wirft der König den Ball zum nächsten stehenden Spieler der Gruppe, der zurückwirft und sich setzt. Fangen Spieler oder König den Ball nicht, wird der Wurf wiederholt. Hat sich der letzte Spieler der Gruppe gesetzt, wirft ihm der König den Ball erneut zu, während er aufsteht, um zurückzuwerfen. So steht von hinten Spieler um Spieler wieder auf, fängt und wirft. Die Gruppe ist Sieger, die als erste wieder vollständig steht.

Wenn das Spiel länger dauern soll, macht man es durch zusätzliche Regeln schwieriger.

Beantworte die Fragen zum Text in ganzen Sätzen:

1 Wie viele Spieler sollte eine Gruppe haben?

____

2 Wie stellen sich die Spieler der Gruppe auf?

____

3 Wo steht der König?

____

4 Was macht der König?

____

5 Wann ist eine Gruppe Sieger?

____

Königsball – das spannende Wurf- und Fangspiel (B)

Ergänze die Textlücken mit dem richtigen Wort aus dem Wörterkasten.

Sieger, König, beginnen, Spieler, wirft, nächsten, spannendes, Ball, Gruppen, letzte, Wurf, stellen, zusätzliche, vordersten, Meter

Königsball ist ein einfaches und ____________________ Ballwurfspiel und Fangspiel. Dabei spielen mehrere gleich große ______________ gegeneinander. Eine Gruppe sollte mindestens sechs ______________ haben. Für jede Gruppe braucht man einen Ball. Das Spiel geht so:

Die Spieler jeder Gruppe wählen einen __________. Er steht mehrere ___________ vor der Gruppe. Die anderen Spieler der Gruppe ______________ sich hintereinander auf. Nach einem Anfangssignal ______________ die Könige dem _________________ Spieler ihrer Gruppe den Ball zuzuwerfen. Der fängt ihn, __________ ihn zurück und setzt sich hin. Nun wirft der König den Ball zum ________________ stehenden Spieler der Gruppe, der zurückwirft und sich setzt. Fangen Spieler oder König den ________ nicht, wird der ________ wiederholt. Hat sich der ____________ Spieler der Gruppe gesetzt, wirft ihm der König den Ball erneut zu, während er aufsteht, um zurückzuwerfen. So steht von hinten Spieler um Spieler wieder auf, fängt und wirft. Die Gruppe ist ______________, die als erste wieder vollständig steht.

Wenn das Spiel länger dauern soll, macht man es durch ______________________ Regeln schwieriger.

Königsball – andere Spielvarianten

Königsball kann man durch viele zusätzliche Spielweisen erweitern. Dazu kann man Regeln aufstellen, die das Verhalten der Spieler ändern, einschränken oder erweitern. Oder man ändert Gegenstände, die man im Spiel braucht oder bringt andere als Hindernisse dazu.

Hier einige Beispiele:

1. Der König steht weiter weg von der Gruppe.
2. Der König darf beim Werfen keinen Schritt machen.
3. Zwischen Gruppe und König spannt man ein Netz, über das geworfen werden muss.
4. Der Spieler muss in die Hände klatschen, bevor er den Ball fängt.
5. Wenn der Ball nicht gefangen wird, muss die ganze Gruppe von vorn anfangen.

Überlege und schreibe drei bis fünf weitere Möglichkeiten auf, die Königsball noch spannender verlaufen lassen.

Königsball – Suchrätsel

Diese Königsballwörter sind rückwärts geschrieben.
Schreibe sie richtig auf und finde sie im Suchrätsel unten.

FRUW ______________________

LLAB ______________________

RELEIPS ______________________

LEIPSGNAF ______________________

EPPURG ______________________

GINÖK ______________________

REGEIS ______________________

LEIPSFRUWLLAB ______________________

LANGISSGNAFNA ______________________

LLABSGINÖK ______________________

Hier sind die zehn Königsballwörter versteckt. Sie können waagerecht und senkrecht stehen. Finde sie und male sie aus.

F	L	R	W	S	P	Z	H	U	H	P	K	M	F	L
Z	K	Ö	N	I	G	S	B	A	L	L	L	S	H	B
E	Ö	I	L	E	C	V	A	J	X	G	L	P	Y	S
Z	N	P	P	G	C	N	L	O	R	R	L	I	P	W
G	I	K	L	E	W	O	L	A	T	U	L	E	P	D
T	G	W	U	R	F	S	C	D	F	P	P	L	L	B
A	B	A	L	L	W	U	R	F	S	P	I	E	L	V
I	F	W	F	A	N	G	S	P	I	E	L	R	O	K
E	A	N	F	A	N	G	S	S	I	G	N	A	L	G
P	V	Q	A	W	C	X	E	H	S	V	L	A	L	S

Königsball – mein Spielplan

Bereite für das nächste Königsballspiel deiner Klasse einen Spielplan vor.
Trage die Namen der Spieler und Könige aus deiner Klasse ein.
Schreibe deine zusätzlichen Regeln dazu.

Gruppe 1

König:

Gruppe 2

König:

Gruppe 3

König:

Diese zusätzlichen Regeln sollen gelten:

Königsball – echte oder falsche Königskronen?

Kreuze die richtigen Kronen an und zähle sie.

Echte Königskronen sehen so aus: 

Falsche Königskronen sehen so aus: 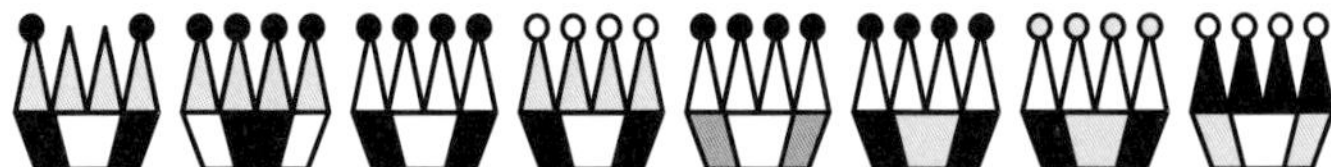

Ergebnis: Es sind ____________ echte Königskronen.

Königsball – Malaufgabe

Male für den König einen königlichen Sportschuh für das nächste Königsballspiel.

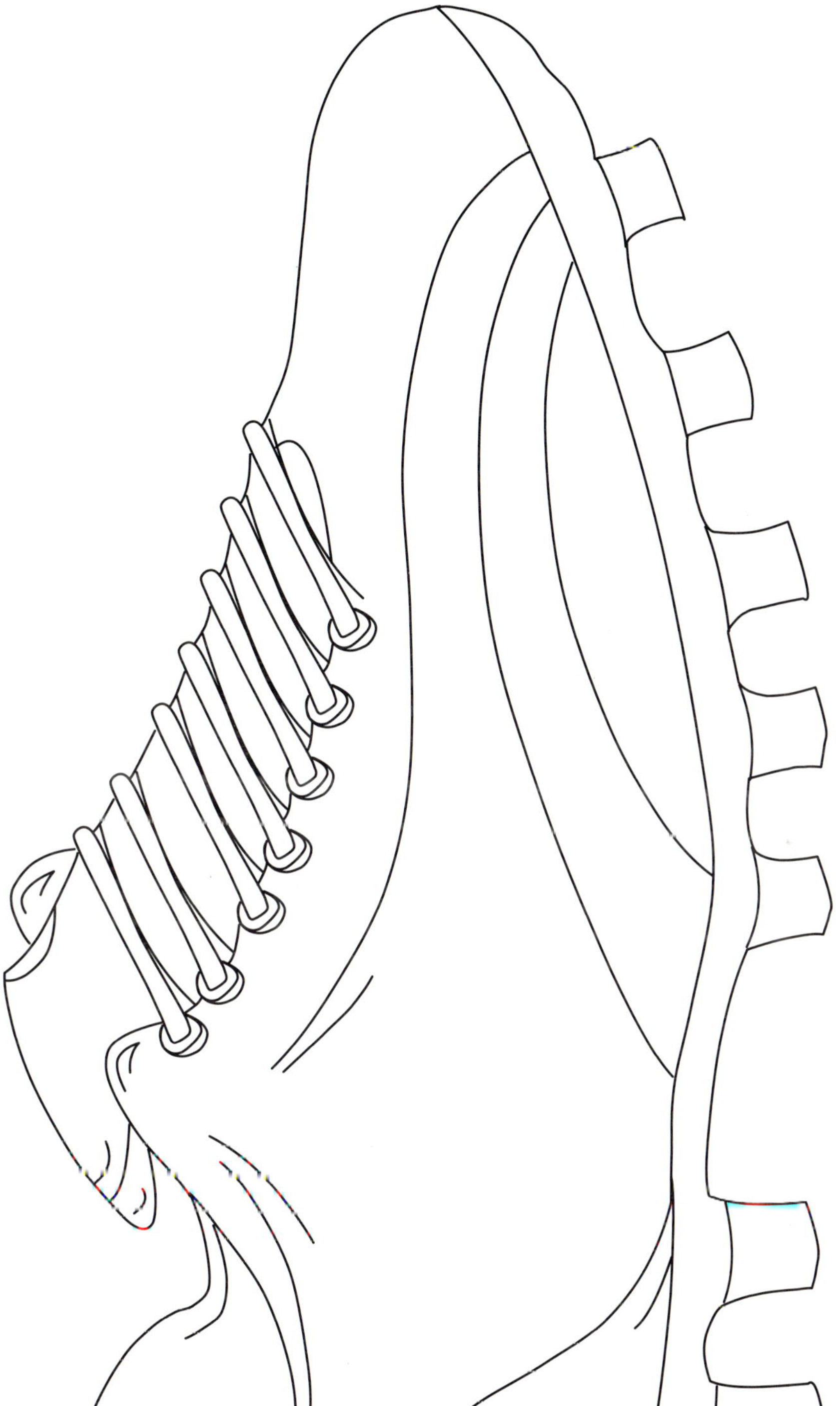

Königsball – Mandala

Male das Mandala bunt aus.

Zombieball – das beliebte Lauf- und Abwurfspiel (A)

Zombieball gehört zu den beliebtesten Lauf- und Abwurfspielen. Man spielt es im Freien auf einer großen Fläche oder in einer Sporthalle. Zombieball lässt sich schon ab acht Personen spielen. Das Spiel erfordert einen Schiedsrichter und einen oder mehrere Softbälle. Die Regeln gehen so:
Der Schiedsrichter wirft den Ball oder die Bälle ins Spielfeld. Dann versucht jeder Spieler, einen Ball zu fangen. Wer einen Ball hat, ist Jäger. Er darf die anderen, die auf dem Spielfeld davonlaufen, abwerfen. Abgeworfene Mitspieler setzen sich auf eine Bank oder auf den Boden am Spielfeldrand. Der Jäger darf aber mit dem Ball höchstens zwei Schritte laufen. Dann muss er werfen. Wirft der Jäger daneben, darf der Nächste den Ball aufnehmen und wird Jäger. Geht der Jäger einen Schritt zu viel oder fängt ein Gejagter den Ball des Jägers, muss der Jäger auf die Bank. Kommt ein Jäger auf die Bank, dürfen die Spieler, die von ihm abgeworfen wurden, wieder zurück ins Spiel. Sind mehrere Spieler Jäger, können sie sich auch gegenseitig abwerfen. Das Spiel endet, wenn alle Spieler bis auf einen Jäger auf der Bank sitzen.

Beantworte die Fragen zum Text in ganzen Sätzen:

1 Wo spielt man Zombieball?

____

2 Wer ist Jäger?

____

3 Wie viele Schritte darf der Jäger laufen, bis er wirft?

____

4 Wann darf ein Spieler zurück ins Spiel?

____

5 Wann endet das Spiel?

____

Zombieball – das beliebte Lauf- und Abwurfspiel (B)

Ergänze die Textlücken mit dem richtigen Wort aus dem Wörterkasten.

Bank, acht, Freien, wirft, Spieler, Schiedsrichter, beliebtesten, Ball, Jäger, mehrere, Spielfeld, Abgeworfene, Schritte, endet, viel

Zombieball gehört zu den ________________ Lauf- und Abwurfspielen.

Man spielt es im ________ auf einer großen Fläche oder in einer Sporthalle.

Zombieball lässt sich schon ab _______ Personen spielen. Das Spiel erfordert einen __________________ und einen oder mehrere Softbälle.

Die Regeln gehen so:

Der Schiedsrichter _______ den Ball oder die Bälle ins Spielfeld. Dann versucht jeder _________, einen Ball zu fangen. Wer einen _____ hat, ist Jäger. Er darf die anderen, die auf dem _______________ davonlaufen, abwerfen. ______________ Mitspieler setzen sich auf eine Bank oder auf den Boden am Spielfeldrand. Der Jäger darf aber mit dem Ball höchstens zwei ___________ laufen. Dann muss er werfen. Wirft der _______ daneben, darf der Nächste den Ball aufnehmen und wird Jäger. Geht der Jäger einen Schritt zu ______ oder fängt ein Gejagter den Ball des Jägers, muss der Jäger auf die Bank. Kommt ein Jäger auf die ______, dürfen die Spieler, die von ihm abgeworfen wurden, wieder zurück ins Spiel. Sind __________ Spieler Jäger, können sie sich auch gegenseitig abwerfen. Das Spiel _______, wenn alle Spieler bis auf einen Jäger auf der Bank sitzen.

Zombieball – das beliebte Lauf- und Abwurfspiel (C)

Schneide die Textstreifen aus und klebe sie in der richtigen Reihenfolge auf ein Blatt.

Abgeworfene Mitspieler setzen sich auf eine Bank oder auf den Boden am Spielfeldrand. Der Jäger darf aber mit dem Ball höchstens zwei Schritte laufen. Dann muss er werfen. Wirft der Jäger daneben, darf der Nächste den Ball aufnehmen und wird Jäger.

Zombieball lässt sich schon ab acht Personen spielen. Das Spiel erfordert einen Schiedsrichter und einen oder mehrere Softbälle. Die Regeln gehen so:

Sind mehrere Spieler Jäger, können sie sich auch gegenseitig abwerfen. Das Spiel endet, wenn alle Spieler bis auf einen Jäger auf der Bank sitzen.

Zombieball spielt man so:

Geht der Jäger einen Schritt zu viel oder fängt ein Gejagter den Ball des Jägers, muss der Jäger auf die Bank. Kommt ein Jäger auf die Bank, dürfen die Spieler, die von ihm abgeworfen wurden, wieder zurück ins Spiel.

Zombieball gehört zu den beliebtesten Laufspielen und Abwurfspielen. Man spielt es im Freien auf einer großen Fläche oder in einer Sporthalle.

Der Schiedsrichter wirft den Ball oder die Bälle ins Spielfeld. Dann versucht jeder Spieler, einen Ball zu fangen. Wer einen Ball hat, ist Jäger. Er darf die anderen, die auf dem Spielfeld davonlaufen, abwerfen.

Zombieball – das beliebte Lauf- und Abwurfspiel (D)

Lies genau und verbinde die richtigen Satzteile.

1 Das Spiel endet,	höchstens zwei Schritte laufen.
2 Wer den Ball hat,	im Freien.
3 Man kann Zombieball	wenn alle Spieler auf der Bank sitzen.
4 Zombieball spielt man am besten	ist Jäger.
5 Der Jäger darf mit dem Ball	schon ab acht Personen spielen.

Finde die passenden Antworten und verbinde.

1 Dort sitzen die Spieler, die abgeworfen wurden.	Es ist der Ball.
2 Er wirft die Bälle ins Spielfeld.	Es ist die Bank.
3 Er darf nur zwei Schritte mit dem Ball laufen.	Es ist die Sporthalle.
4 Sie ist geeignet zum Zombieballspielen.	Es ist der Jäger.
5 Alle Spieler versuchen, ihn zu fangen.	Es ist der Schiedsrichter.

Zombieball – der Jäger (E)

Lies genau! Welche Sätze im Text über den Jäger sind richtig?
Kreuze die richtigen Buchstaben an. Sie ergeben das Lösungswort.

1	Der Jäger darf mit dem Ball viele Schritte laufen.	H
	Der Jäger darf mit dem Ball höchstens zwei Schritte laufen.	S
2	Der Jäger darf die anderen Spieler abwerfen.	U
	Der Jäger darf die anderen Spieler nicht abwerfen.	A
3	Fängt ein Gejagter den Ball, muss der Jäger auf die Bank.	P
	Fängt ein Gejagter den Ball, muss der Jäger weiterspielen.	L
4	Sind mehrere Spieler Jäger, dürfen sie sich nicht gegenseitig abwerfen.	L
	Sind mehrere Spieler Jäger, können sie sich gegenseitig abwerfen.	E
5	Wer keinen Ball hat, ist Jäger.	E
	Wer einen Ball hat, ist Jäger.	R

Das Lösungswort für die richtigen Aussagen:

Du bist

1	2	3	4	5

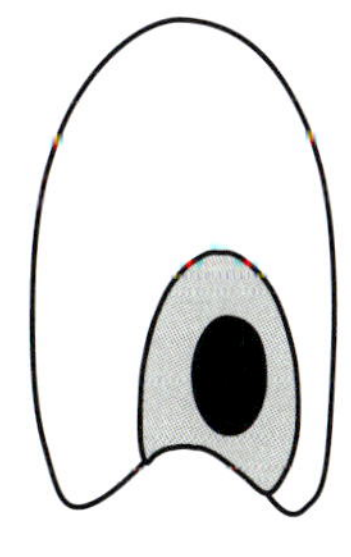
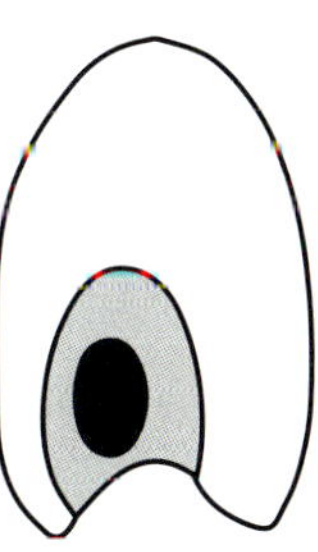

Achtung: Die falschen Buchstaben ergeben auch ein Lösungswort:

1	2	3	4	5

Zombieball – Kreuzworträtsel (F)

Löse das Kreuzworträtsel mithilfe des Textes und finde das Lösungswort.

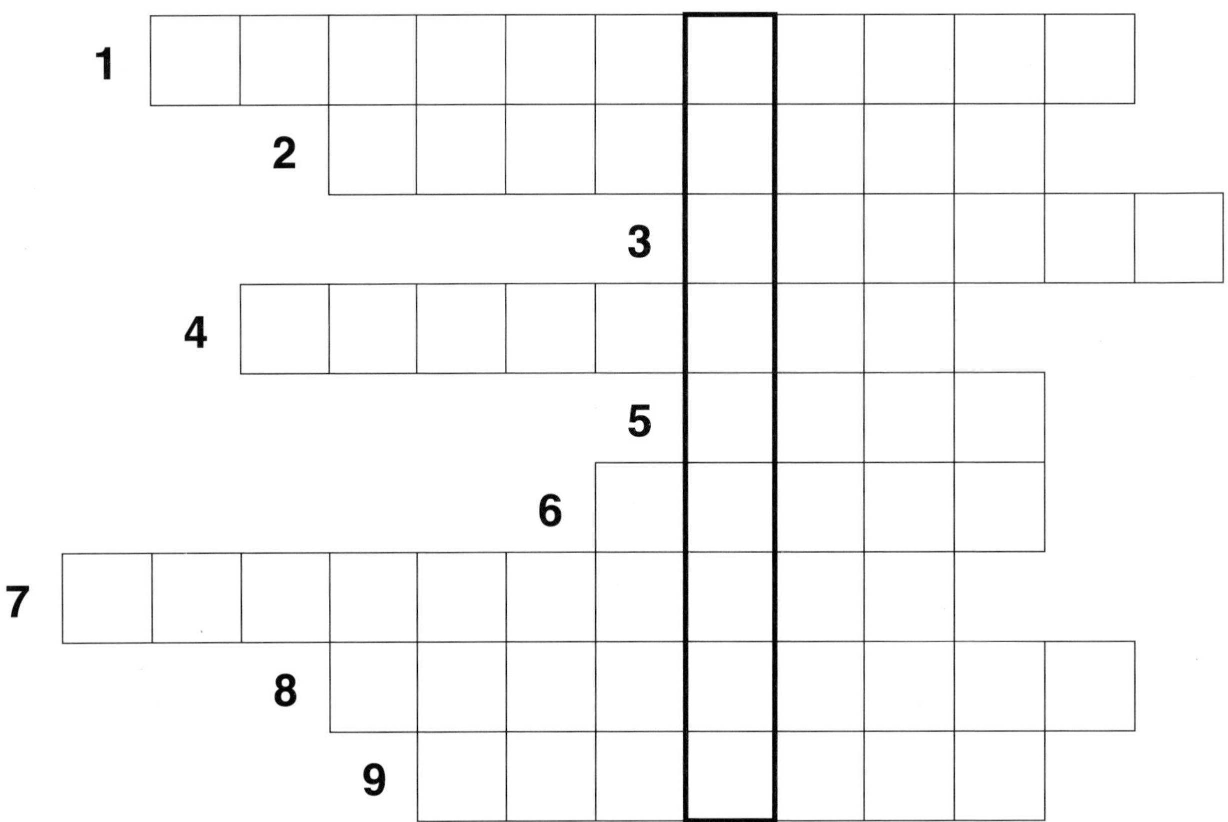

1 Zombieball ist ein Laufspiel und ein …

2 Zombieball spielt man schon ab acht …

3 Zombieball spielt man am besten im …

4 Der Jäger darf mit dem Ball höchstens zwei … laufen.

5 Jäger ist, wer einen … hat.

6 Wer darf höchstens zwei Schritte laufen?

7 Zombieball spielt man auch in einer großen …

8 Der Schiedsrichter wirft den Ball ins …

9 Das Spiel endet, wenn alle … auf der Bank sitzen.

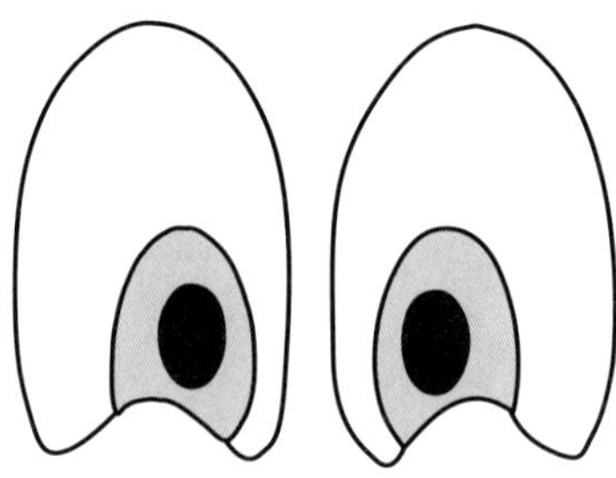

Das Lösungswort lautet:

1	2	3	4	5	6	7	8	9

Zombieball – Fehlersuchbild

Im unteren Bild haben sich 15 Fehler versteckt. Finde sie und kreise sie ein.

Zombieball – das Porträt

Wie stellst du dir einen echten Zombie vor? Male ihn.

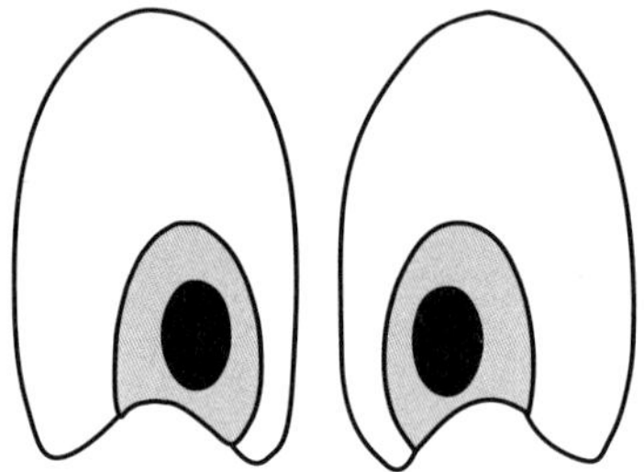

Zombieball – Mandala

Male das Mandala bunt aus.

Brennball – das beliebteste Schulspiel (A)

Wie spielt man Brennball?

Brennball ist ein uraltes Spiel, das noch heute in den Schulen sehr viel gespielt wird. In den USA entstand daraus der Nationalsport „Baseball". Brennball spielt man so: Die Feldmannschaft verteilt sich auf dem Spielfeld. Einer ihrer Spieler ist der „Brenner". Die Laufmannschaft stellt sich hinter dem Startmal auf. Der erste Läufer wirft den Ball in das Spielfeld und rennt zum ersten Freimal. Die Feldspieler versuchen, den Ball zu fangen. Sie spielen den Ball zum „Brenner", der den Ball in ein „Brennmal" wirft. Ist das gelungen, müssen alle Läufer, die unterwegs sind, ein Freimal erreicht haben. Wer nicht auf einem Freimal steht, darf nicht mehr weiterspielen und die Feldmannschaft bekommt einen Punkt. Da oft mehrere Läufer von Freimal zu Freimal unterwegs sind, kann dies auch gleichzeitig mehrere Läufer betreffen. Gelingt es einem Läufer, über die Freimale zurück zum Start- und Zielmal zu kommen, bekommt die Laufmannschaft einen Punkt und der Läufer bleibt im Spiel. Hat die Laufmannschaft keinen Werfer mehr, wechseln die Mannschaften. Wenn die zweite Spielrunde beendet ist, entscheidet die Punktzahl der Mannschaften, wer gewonnen hat.

Beantworte die Fragen zum Text:

1 Wo verteilt sich die Feldmannschaft?

____

____

2 Wo stellt sich die Laufmannschaft auf?

____

____

3 Was versuchen die Feldspieler?

____

____

4 Wann bekommt die Laufmannschaft einen Punkt?

____

____

5 Wann wechseln die Mannschaften?

____

____

Brennball – das beliebteste Schulspiel (B)

Ergänze die Textlücken mit dem richtigen Wort aus dem Wörterkasten.

Startmal, gewonnen, Feldmannschaft, Ball, Spielrunde, uraltes, „Brenner“, Punkt, weiterspielen, Spielfeld, Freimal, Nationalsport, Mannschaften, fangen, Läufer, Zielmal

Wie spielt man Brennball?

Brennball ist ein ______________ Spiel, das noch heute in den Schulen sehr viel gespielt wird. In den USA entstand daraus der ______________________________ „Baseball“. Brennball spielt man so:

Die ________________________________ verteilt sich auf dem Spielfeld. Einer ihrer Spieler ist der ____________________. Die Laufmannschaft stellt sich hinter dem ________________ auf. Der erste Läufer wirft den Ball in das __________________ und rennt zum ersten Freimal. Die Feldspieler versuchen, den Ball zu ____________. Sie spielen den Ball zum „Brenner“, der den ____________ in ein „Brennmal“ wirft. Ist das gelungen, müssen alle _______________, die unterwegs sind, ein Freimal erreicht haben. Wer nicht auf einem _____________ steht, darf nicht mehr ___________________________ und die Feldmannschaft bekommt einen Punkt. Da oft mehrere Läufer von Freimal zu Freimal unterwegs sind, kann dies auch gleichzeitig mehrere Läufer betreffen. Gelingt es einem Läufer, über die Freimale zurück zum Start- und ________________ zu kommen, bekommt die Laufmannschaft einen ____________ und der Läufer bleibt im Spiel. Hat die Laufmannschaft keinen Werfer mehr, wechseln die ____________________________. Wenn die zweite ______________________ beendet ist, entscheidet die Punktzahl der Mannschaften, wer _________________ hat.

Brennball – das Spielfeld

Male das Spielfeld aus. Die Spielfläche ist grün. Die Fähnchen sind gelb. Die Feldmannschaft ist rot und die Laufmannschaft blau.

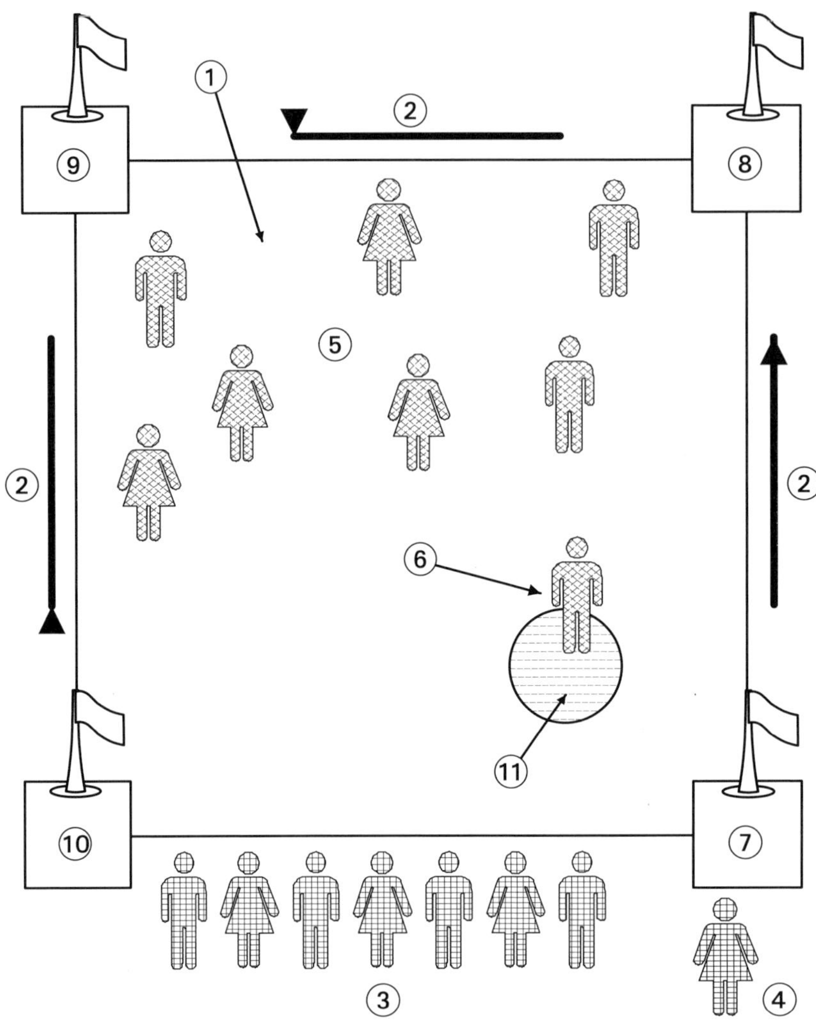

Ordne die Begriffe aus dem Wörterkasten den richtigen Nummern der Tabelle zu.

Laufmannschaft, Zweites Freimal, Brenner, Drittes Freimal, Feldmannschaft, Laufrichtung, Start- und Zielmal, Brennmal, Erstes Freimal, Werfer, Spielfeld

①			⑦	
②			⑧	
③			⑨	
④			⑩	
⑤			⑪	
⑥				

Brennball – richtig oder falsch? (C)

Lies genau! Welche Sätze stehen im Brennballtext?
Kreuze die richtigen Buchstaben an. Sie ergeben das Lösungswort.

1	Hat die Feldmannschaft keinen Werfer mehr, wechseln die Mannschaften.	T
	Hat die Laufmannschaft keinen Werfer mehr, wechseln die Mannschaften.	B
2	Wer auf einem Freimal steht, darf nicht mehr weiterspielen.	O
	Wer nicht auf einem Freimal steht, darf nicht mehr weiterspielen.	R
3	Die Feldspieler versuchen, den Ball zu fangen.	E
	Die Feldspieler versuchen, den Ball zu werfen.	R
4	Der erste Läufer wirft den Ball in das Spielfeld.	N
	Der letzte Läufer wirft den Ball in das Spielfeld.	W
5	Brennball ist ein beliebtes Spiel.	A
	Brennball ist ein uraltes Spiel.	N
6	Die Laufmannschaft stellt sich vor dem Startmal auf.	R
	Die Laufmannschaft stellt sich hinter dem Startmal auf.	E
7	In England entwickelte sich daraus der Nationalsport „Baseball“.	T
	In den USA entwickelte sich daraus der Nationalsport „Baseball“.	R

Das Lösungswort für die richtigen Aussagen:

1	2	3	4	5	6	7

Achtung: Die falschen Buchstaben ergeben auch ein Lösungswort:

1	2	3	4	5	6	7

Brennball – Suchrätsel

Diese Brennballwörter sind rückwärts geschrieben. Schreibe sie richtig auf und finde sie im Suchrätsel.

LAMIERF ______________________

GNUTHCIRFUAL ______________________

LLABNNERB ______________________

TFAHCSNNAMDLEF ______________________

REFREW ______________________

RENNERB ______________________

TFAHCSNNAMFUAL ______________________

DLEFLEIPS ______________________

LAMLEIZ ______________________

LAMNNERB ______________________

Hier sind die zehn Brennballwörter versteckt. Sie können waagerecht und senkrecht stehen. Finde sie und male sie aus.

F	A	W	H	E	F	C	F	N	W	C	K	E	O	J
L	L	A	U	F	R	I	C	H	T	U	N	G	W	X
G	X	B	P	O	E	F	U	U	S	X	U	N	E	M
T	U	R	M	Z	I	E	L	M	A	L	H	S	R	B
A	F	E	L	D	M	A	N	N	S	C	H	A	F	T
M	R	N	V	B	A	S	V	R	Q	I	X	S	E	Z
W	G	N	V	R	L	K	X	K	N	R	S	P	R	P
F	T	E	J	E	D	Z	K	Y	P	F	Z	I	Q	B
N	B	R	E	N	M	Y	M	V	U	G	V	E	A	E
B	R	E	N	N	B	A	L	L	M	T	Q	L	C	H
L	A	U	F	M	A	N	N	S	C	H	A	F	T	A
B	S	Q	K	A	F	O	G	W	B	A	O	E	B	G
H	N	G	D	L	N	N	Q	Z	F	N	T	L	C	S
X	O	J	F	K	S	E	J	P	B	L	R	D	T	R

Brennball – echte oder falsche Spieler?

Suche und zähle die echten Brennballspielerinnen und -spieler.

Echte Spieler sehen so aus: 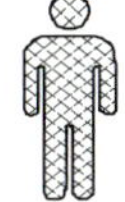 Echte Spielerinnen sehen so aus: 

Falsche Spielerinnen und Spieler sehen so aus: 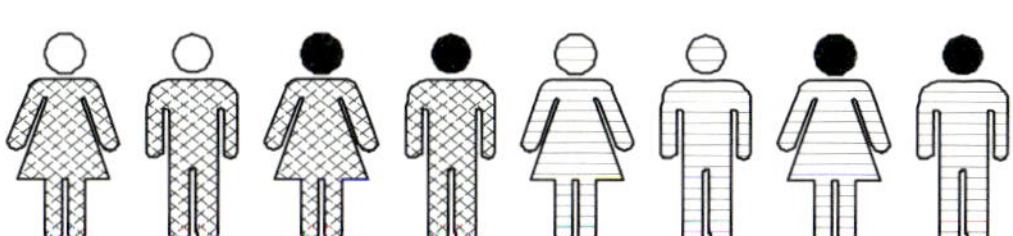

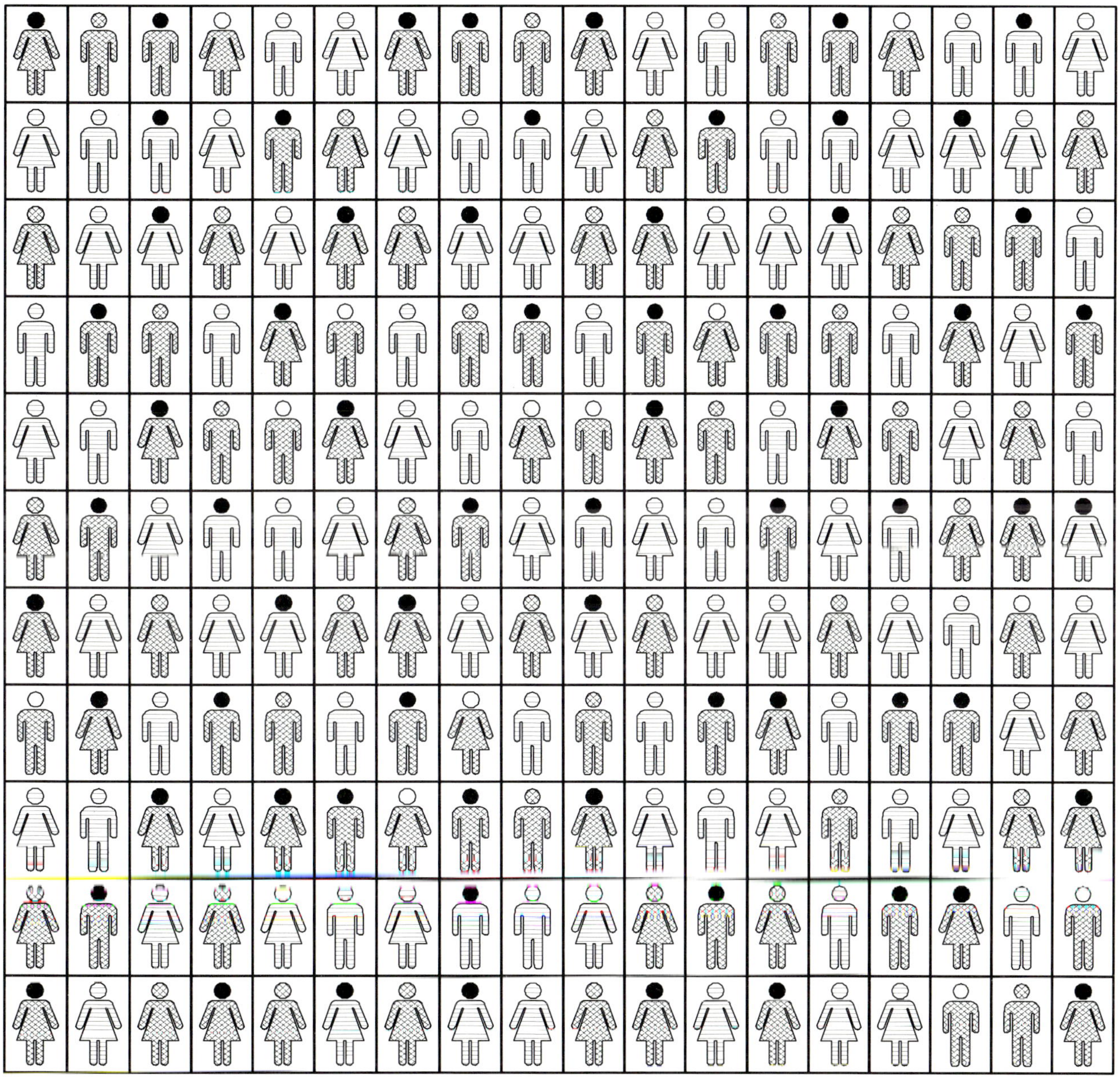

Ergebnis: Ich habe _____ echte Spielerinnen und _____ echte Spieler gefunden.

Brennball – coole Fähnchen

Male ein Fähnchen für das Freimal einer Mädchenmannschaft und eines für das Freimal einer Jungenmannschaft mit schönen, bunten Mustern.

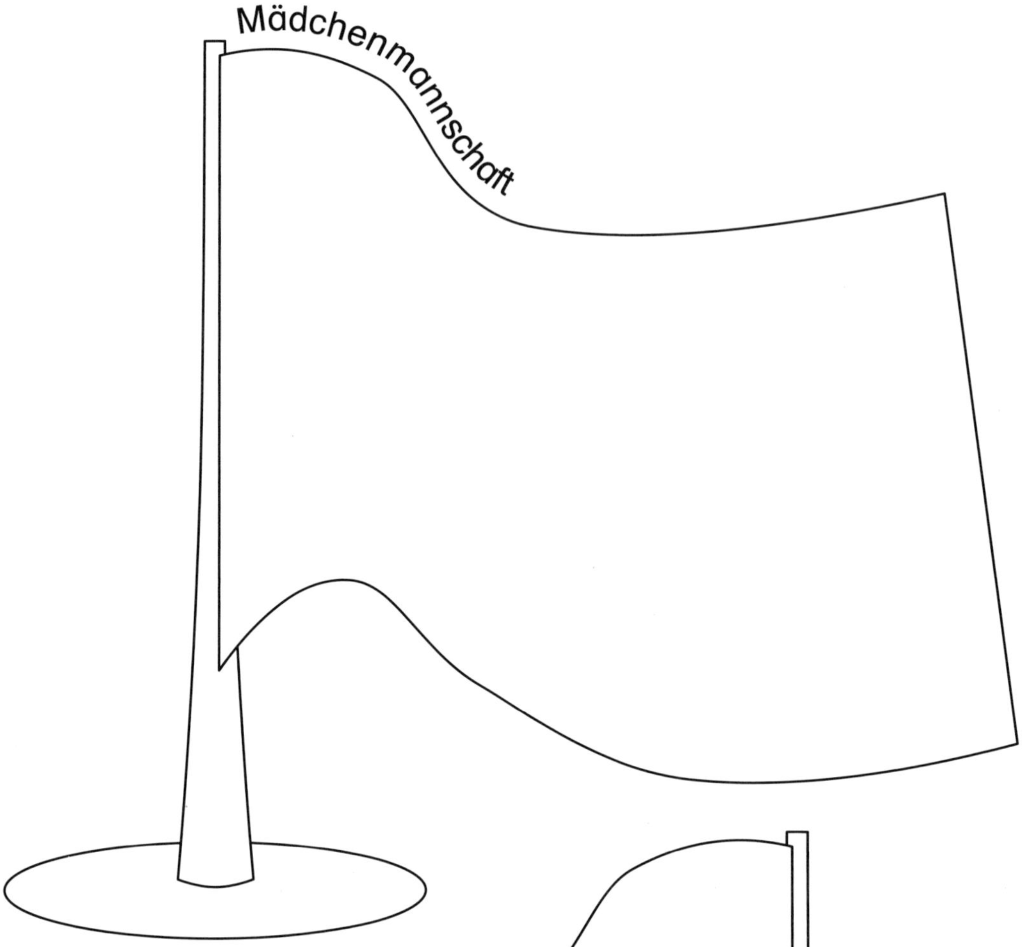

Mädchenmannschaft

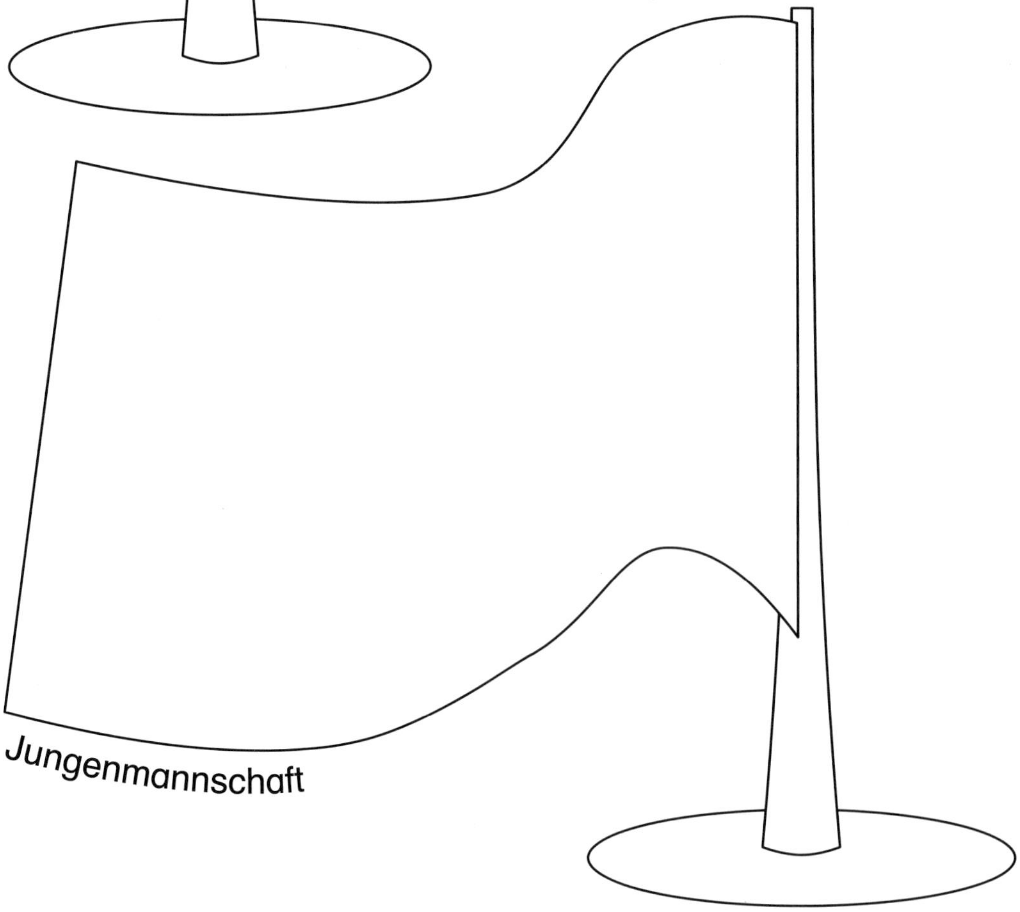

Jungenmannschaft

Brennball – Mandala

Male das Mandala bunt aus.

Völkerball – ein 200 Jahre altes Spiel (A)

Völkerball ist ein sehr altes Ballspiel.
Schon vor 200 Jahren spielte man es so ähnlich wie heute.
Die Zahl der Spieler ist nicht festgelegt. Man braucht aber mindestens sechs Spieler pro Mannschaft. Das Spielfeld kann beliebig groß sein. Die Spieldauer hängt von der Geschicklichkeit der Spieler ab. Aber wenn man die Regeln schwieriger macht, kann man dadurch die Spielzeit verlängern. Sieger ist die Mannschaft, der es als erste gelingt, alle Gegenspieler abzuwerfen.
Als Ball wird meist ein Soft-, Gummi- oder Volleyball verwendet. Besondere Sportkleidung ist nicht vorgeschrieben, meist wird in Sporthose, Trikot und Sportschuhen gespielt. In den verschiedenen Gegenden Deutschlands gibt es viele besondere Regelungen und auch verschiedene Begriffe für die Spieler. Beispielsweise heißt der wichtigste Spieler König, Hintermann, Strohmann, Torwart, Grenzwächter, Spion, Abgesandter oder Freigeist – je nachdem, in welcher deutschen Landschaft die Spieler zu Hause sind. Das Spiel verlangt von den Teilnehmern vor allem Schnelligkeit, Gewandtheit, Treff- und Fangsicherheit.
Meist überwacht ein Schiedsrichter die Einhaltung der Regeln.

Beantworte die Fragen:

1 Wie alt ist Völkerball?

____

2 Wie viele Spieler braucht man pro Mannschaft?

____

3 Welche Bälle werden beim Völkerballspiel verwendet?

____

4 Wer ist der Sieger?

____

5 Wer überwacht die Einhaltung der Regeln?

____

Völkerball – ein 200 Jahre altes Spiel (B)

Ergänze die Textlücken mit dem richtigen Wort aus dem Wörterkasten.

Teilnehmern, Geschicklichkeit, mindestens, Sportkleidung, Schiedsrichter, Zahl, Spion, schwieriger, abzuwerfen, Gegenden, Spielfeld, Gewandtheit, wichtigste, sehr, Ball

Völkerball ist ein ________ altes Ballspiel.

Schon vor 200 Jahren spielte man es so ähnlich wie heute.

Die ________ der Spieler ist nicht festgelegt. Man braucht aber ________________ sechs Spieler pro Mannschaft. Das ____________________ kann beliebig groß sein. Die Spieldauer hängt von der ______________________________ der Spieler ab. Aber wenn man die Regeln _______________________ macht, kann man dadurch die Spielzeit verlängern. Sieger ist die Mannschaft, der es als erste gelingt, alle Gegenspieler _____________________.

Als ________ wird meist ein Soft-, Gummi- oder Volleyball verwendet. Besondere __________________________ ist nicht vorgeschrieben, meist wird in Sporthose, Trikot und Sportschuhen gespielt. In den verschiedenen ______________________ Deutschlands gibt es viele besondere Regelungen und auch verschiedene Begriffe für die Spieler. Beispielsweise heißt der ____________________ Spieler König, Hintermann, Strohmann, Torwart, Grenzwächter, ____________, Abgesandter oder Freigeist – je nachdem, in welcher deutschen Landschaft die Spieler zu Hause sind. Das Spiel verlangt von den _______________________ vor allem Schnelligkeit, __________________________, Treff- und Fangsicherheit.

Meist überwacht ein _____________________________ die Einhaltung der Regeln.

Völkerball – ein 200 Jahre altes Spiel (C)

Schneide die Textstreifen aus und klebe sie in der richtigen Reihenfolge auf ein Blatt.

Die Größe des Spielfeldes ist auch beliebig. Die Spieldauer hängt von der Geschicklichkeit der Spieler ab. Aber wenn man die Regeln schwieriger macht, kann man dadurch die Spielzeit verlängern.

Völkerball ist ein sehr altes Ballspiel. Schon vor 200 Jahren spielte man es so ähnlich wie heute. Die Zahl der Spieler ist nicht festgelegt. Es sind aber mindestens sechs Spieler pro Mannschaft üblich.

Sieger ist die Mannschaft, der es als erste gelingt, alle Gegenspieler abzuwerfen. Als Ball wird meist ein Soft-, Gummi- oder Volleyball verwendet. Besondere Sportkleidung ist nicht vorgeschrieben, meist wird in Sporthose, Trikot und Sportschuhen gespielt.

Beispielsweise heißt der wichtigste Spieler König, Hintermann, Strohmann, Torwart, Grenzwächter, Spion, Abgesandter oder Freigeist – je nachdem, in welcher deutschen Landschaft die Spieler zu Hause sind.

Völkerball – ein 200 Jahre altes Spiel

Das Spiel verlangt von den Teilnehmern vor allem Schnelligkeit, Gewandtheit, Treff- und Fangsicherheit. Meist überwacht ein Schiedsrichter die Einhaltung der Regeln.

In den verschiedenen Gegenden Deutschlands gibt es viele besondere Regelungen und auch verschiedene Begriffe für die Spieler.

Völkerball – der wichtigste Spieler

Wie heißt der wichtigste Spieler beim Völkerball in den verschiedenen deutschen Gegenden? Die Bezeichnungen sind rückwärts geschrieben. Schreibe sie richtig auf.

TRAWROT ______________________

TSIEGIERF ______________________

GINÖK ______________________

RETDNASEGBA ______________________

NNAMRETNIH ______________________

NOIPS ______________________

RETHCÄWZNERG ______________________

NNAMHORTS ______________________

Trage die acht Bezeichnungen in die passenden Kästen ein.

Wie heißt der wichtigste Völkerballspieler in deiner Gegend?

____

Völkerball – das Spielfeld

Eine Mittellinie teilt das Spielfeld (Innenfeld) in zwei gleich große, rechteckige Teile. Oft beträgt die Breite des Spielfeldes neun Meter. Je nachdem, wie alt die Kinder sind, ist die Seitenlinie sieben bis neun Meter lang. Zwischen den beiden Hälften ist eine Mittellinie eingezeichnet. Um das Innenfeld liegt das Außenfeld. Dort spielen Außenspieler und abgeworfene Spieler. Es ist beliebig groß. Die Mittellinie geht auch durch das Außenfeld. Das Außenfeld darf rundum zum Fangen und Werfen benutzt werden, also an den Grundlinien und den Seitenlinien. Jede Mannschaft spielt in einer Hälfte des Innenfeldes und in der gegenüberliegenden Hälfte des Außenfeldes.
In der Schule werden für das Spiel oft die Hälften eines Volleyballfeldes ohne Netz verwendet.

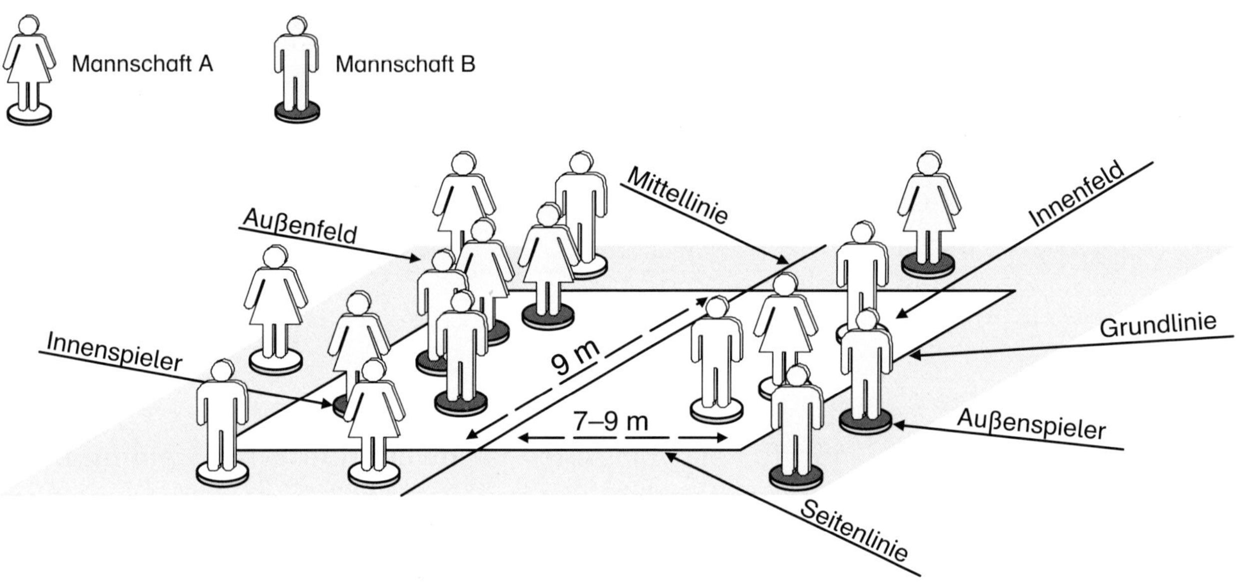

Zeige die Situation auf dem Spielfeld nach zehn Minuten Spiel.
Jede Mannschaft besteht aus sieben Spielern. Zeichne mit dem Bleistift.

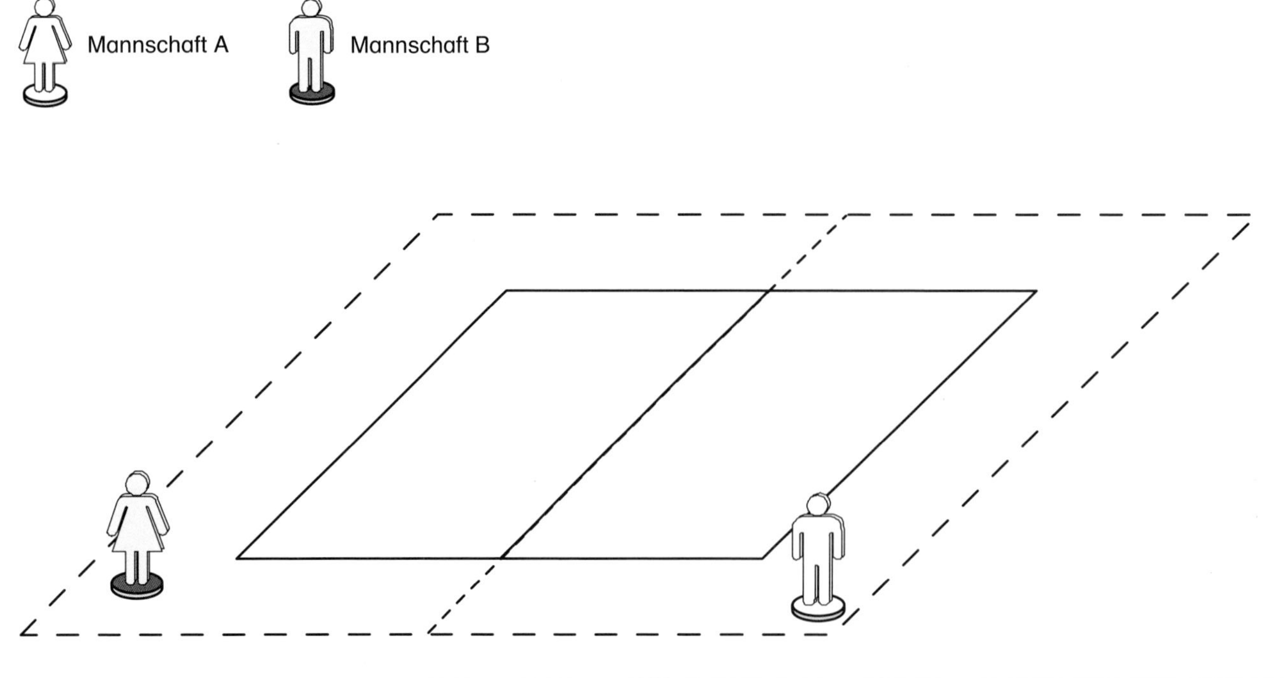

Völkerball – Suchrätsel

Die wichtigsten Begriffe, die beim Völkerball zu beachten sind, findest du im folgenden Suchrätsel. Die Begriffe können waagerecht und senkrecht stehen und auch rückwärts geschrieben sein. Finde sie und kreise sie ein.

AUSSENSPIELER – MITTELLINIE – GRUNDLINIE – SEITENLINIE
INNENFELD – AUSSENFELD – BEGRENZUNG – INNENSPIELER

W	M	M	M	Y	U	E	Q	Q	F	T	R	D	X
D	L	E	F	N	E	N	N	I	M	M	C	Z	J
L	C	M	Z	S	G	I	T	B	I	P	L	B	X
E	V	J	R	O	I	H	K	L	T	F	E	T	G
F	D	I	N	D	P	K	V	C	T	S	L	X	V
N	G	N	U	Z	N	E	R	G	E	B	Z	V	G
E	I	E	D	N	I	D	O	T	L	C	O	J	P
S	W	A	H	V	F	Y	D	H	L	T	N	I	C
S	A	U	S	S	E	N	S	P	I	E	L	E	R
U	E	R	E	L	E	I	P	S	N	E	N	N	I
A	I	T	U	F	B	R	R	T	I	A	K	G	H
Z	H	P	E	I	N	I	L	N	E	T	I	E	S
U	P	H	P	I	M	M	A	W	M	B	A	H	V
W	C	G	W	W	V	W	A	C	L	W	T	J	Y
X	P	J	K	Y	K	Q	R	Y	Q	W	F	H	D
R	U	G	R	U	N	D	L	I	N	I	E	D	O
J	G	U	C	W	A	U	L	D	B	D	I	X	O
H	E	N	M	T	S	M	W	R	A	A	I	E	I

Völkerball – richtig oder falsch?

Lies genau: Welche Sätze sind richtig?
Kreuze die Lösungsbuchstaben blau an, wenn die Aussagen richtig sind.
Kreuze sie rot an, wenn die Aussagen falsch sind.
Die angekreuzten Buchstaben ergeben je ein Lösungswort.

1	Die Spieldauer hängt von der Größe der Spieler ab.	B
	Die Spieldauer hängt von der Geschicklichkeit der Spieler ab.	S
2	Das Spielfeld kann beliebig groß sein.	O
	Das Spielfeld soll so groß sein wie ein Fußballfeld.	A
3	Meist überwacht der König die Einhaltung der Regeln.	L
	Meist überwacht ein Schiedsrichter die Einhaltung der Regeln.	F
4	Die Zahl der Spieler ist nicht festgelegt.	T
	Einschließlich König müssen elf Spieler spielen.	L
5	Das Tragen von Schienbeinschützern ist vorgeschrieben.	W
	Spezielle Sportkleidung ist nicht vorgeschrieben.	B
6	Völkerball ist ein altes Spiel.	A
	Völkerball ist ein junges, modernes und neues Spiel.	U
7	Man braucht mindestens sechs Spieler für jede Mannschaft.	L
	Man braucht mindestens elf Spieler für jede Mannschaft.	R
8	Das Spiel verlangt von den Teilnehmern vor allem Ruhe.	F
	Das Spiel verlangt von den Teilnehmern vor allem Schnelligkeit.	L

Das Lösungswort für die richtigen Aussagen:

1	2	3	4	5	6	7	8

Achtung: Die falschen Buchstaben ergeben auch ein Lösungswort:

1	2	3	4	5	6	7	8

Völkerball – neue Bälle

Der Lehrer hat die neuen Bälle mitgebracht.
Zähle sie.

Male die Bälle in verschiedenen Farben aus und nummeriere sie.

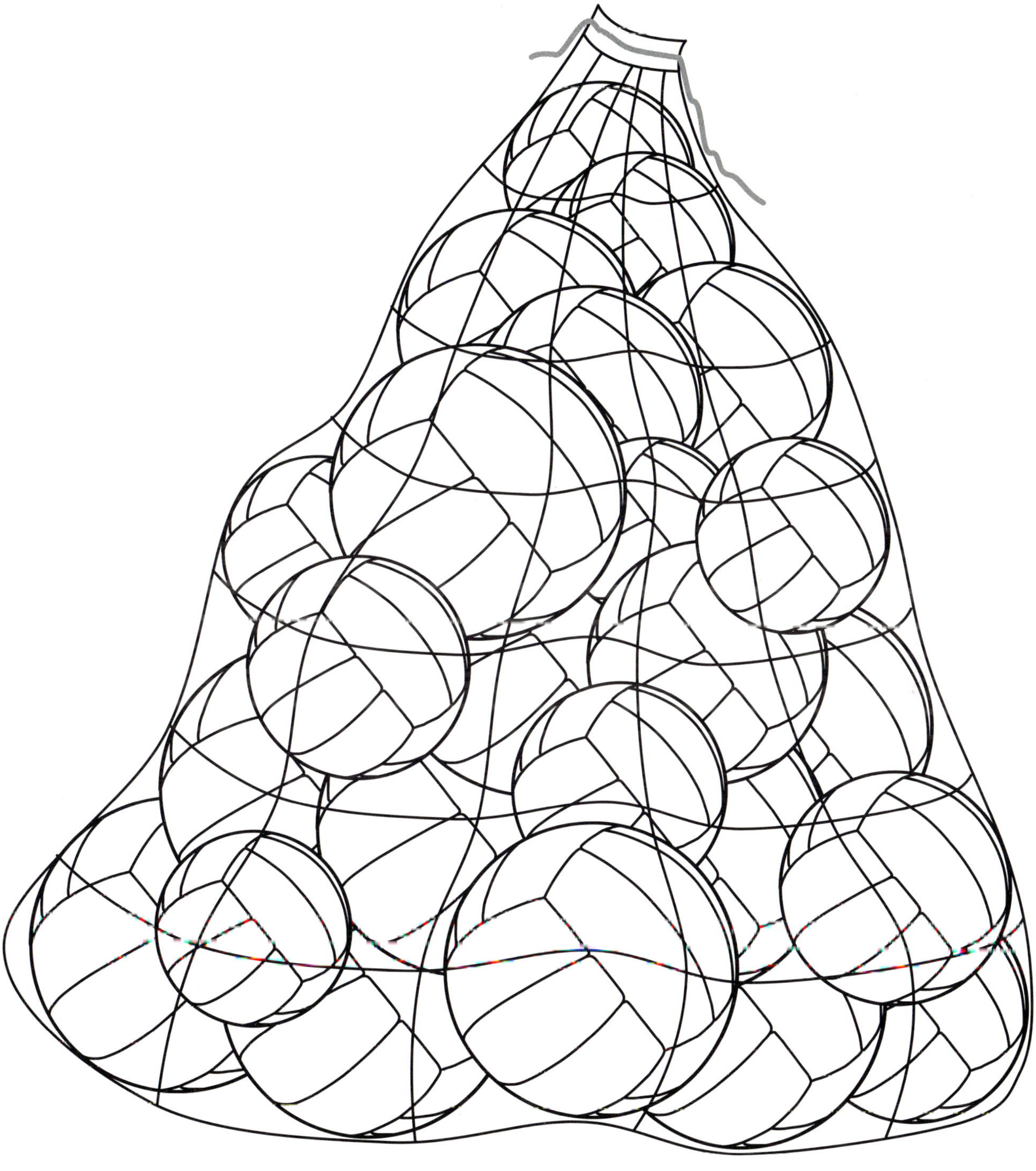

Ergebnis:

Es sind ____________ Bälle.

Völkerball – cooles neues Spielfeld

Hallenwart Kunz langweilt der grüne Hallenboden. „Wenigstens das Völkerballfeld könnte mal einer schön cool und peppig bemalen“, mault er.

Vertreibe Herrn Kunz die Langeweile und male ihm ein richtig tolles Völkerballfeld.

Male das Mandala bunt aus.

Fußball – beliebtestes Ballspiel der Welt (A)

Fußball ist eine der beliebtesten Sportarten weltweit. Es ist eine Ballsportart, bei der zwei Mannschaften auf einem großen, rechteckigen Spielfeld gegeneinander spielen. Jede Mannschaft hat auf ihrer Seite ein Tor. Es liegt jeweils am Ende des Spielfeldes in der Mitte der Schmalseite. Ein Tor ist erzielt, wenn der Gegner den Ball über die Torlinie ins Tor bringt.

Das Spiel dauert normalerweise zweimal 45 Minuten. Sieger ist die Mannschaft, die am Ende der Spielzeit mehr Tore erzielt hat. Ein Spiel kann unentschieden enden. Manchmal wird die Spielzeit verlängert oder zuletzt ein sogenanntes „Elfmeterschießen" durchgeführt, um einen Sieger zu finden.

Eine Mannschaft besteht aus zehn Feldspielern und einem Torwart. Feldspieler dürfen den Ball nicht mit Händen oder Armen spielen. Die Mannschaftsspieler tragen einheitliche Kleidung mit Nummern. Je nach Aufgabe im Spiel unterscheidet man Verteidiger, Mittelfeldspieler und Stürmer.

Nur der Torwart darf innerhalb eines begrenzten Teiles des Spielfeldes, dem sogenannten „Strafraum", Arme und Hände einsetzen. Seine Aufgabe ist es, den Ball daran zu hindern, die Torlinie zu überqueren. Dafür ist er mit speziellen Torwarthandschuhen ausgerüstet. Der Torwart trägt Kleidung, die ihn von seiner Mannschaft unterscheidet.

Über Einhaltung der Regeln wacht ein Schiedsrichter auf dem Spielfeld zusammen mit zwei Schiedsrichterassistenten am Spielfeldrand.

Beantworte die Fragen:

1 Welche Ballsportart ist Fußball?

____

2 Wann ist ein Tor erzielt?

____

3 Wer ist Sieger?

____

4 Welche Kleidung tragen die Feldspieler?

____

5 Wer wacht über die Einhaltung der Regeln?

____

Fußball – beliebtestes Ballspiel der Welt (B)

Ergänze die Textlücken mit dem richtigen Wort aus dem Wörterkasten.

Gegner, ausgerüstet, dauert, Torwart, Mannschaft, einheitliche, Spielzeit, Ende, Ball, Schiedsrichter, besteht, beliebtesten, Tore, Feldspieler, rechteckigen

Fußball ist eine der ____________________ Sportarten weltweit. Es ist eine Ballsportart, bei der zwei Mannschaften auf einem großen, ____________________ Spielfeld gegeneinander spielen. Jede __________________ hat auf ihrer Seite ein Tor. Es liegt jeweils am _________ des Spielfeldes in der Mitte der Schmalseite. Ein Tor ist erzielt, wenn der ___________ den Ball über die Torlinie ins Tor bringt. Das Spiel ___________ normalerweise zweimal 45 Minuten. Sieger ist die Mannschaft, die am Ende der Spielzeit mehr _______ erzielt hat. Ein Spiel kann unentschieden enden. Manchmal wird die ________________ verlängert oder zuletzt ein sogenanntes „Elfmeterschießen“ durchgeführt, um einen Sieger zu finden. Eine Mannschaft _____________ aus zehn Feldspielern und einem Torwart. Feldspieler dürfen den Ball nicht mit Händen oder Armen spielen. Die Mannschaftsspieler tragen __________________ Kleidung mit Nummern. Je nach Aufgabe im Spiel unterscheidet man Verteidiger, Mittelfeldspieler und Stürmer.

Nur der _____________ darf innerhalb eines begrenzten Teiles des Spielfeldes, dem sogenannten „Strafraum“, Arme und Hände einsetzen. Seine Aufgabe ist es, den _______ daran zu hindern, die Torlinie zu überqueren. Dafür ist er mit speziellen Torwarthandschuhen ____________________. Der Torwart trägt Kleidung, die ihn von seiner Mannschaft unterscheidet.

Über Einhaltung der Regeln wacht ein _________________________ auf dem Spielfeld zusammen mit zwei Schiedsrichterassistenten am Spielfeldrand.

Fußball – Spieleraufstellung und Taktik

Die Spieler haben verschiedene Positionen:
Die Verteidigung besteht oft aus einer Viererreihe, die aus den beiden Innenverteidigern und dem rechten und linken Außenverteidiger gebildet wird. Die Verteidigung wird oft auch vom Torwart organisiert, sie darf ihm nicht die Sicht verstellen oder ihn gar behindern.
Die Mittelfeldspieler haben vielseitige Aufgaben, sowohl in der Abwehr als auch im Spielaufbau und im Angriff. Je nach Taktik sind die einzelnen Spieler auf Verteidigungsaufgaben spezialisiert oder für die Organisation des Spieles zuständig.
Die Stürmer werden als rechter bzw. linker Außenstürmer oder als Mittelstürmer positioniert. Sie haben die Aufgabe, Tore zu schießen – entweder durch eigene Kraft und Geschicklichkeit, oder indem sie im Zusammenspiel mit Mannschaftskameraden den Gegner ausspielen, um möglichst ungehindert zum Torschuss zu kommen.

Taktik: Aufstellung 4 - 4 - 2

Taktik: Aufstellung 4 - 3 - 3

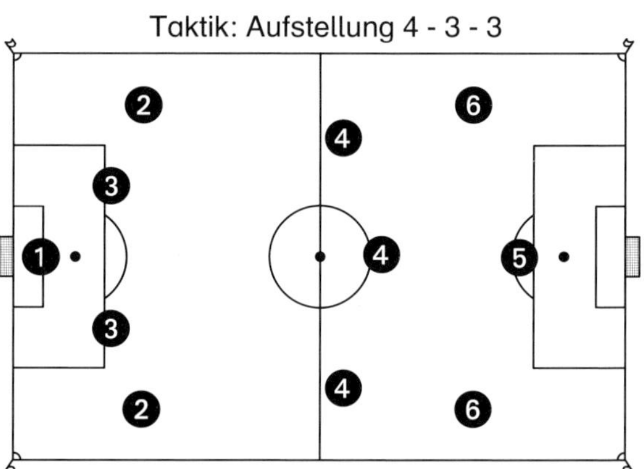

Sieh dir die Zeichnungen oben an und trage zur Nummer jeweils die passende Bezeichnung ein:

Stürmer, Außenverteidiger, Torwart, Innenverteidiger,
Mittelfeldspieler, Außenstürmer

❶ ______________ ❷ ______________

❸ ______________ ❹ ______________

❺ ______________ ❻ ______________

Trage die sechs Bezeichnungen in die passenden Kästen ein.

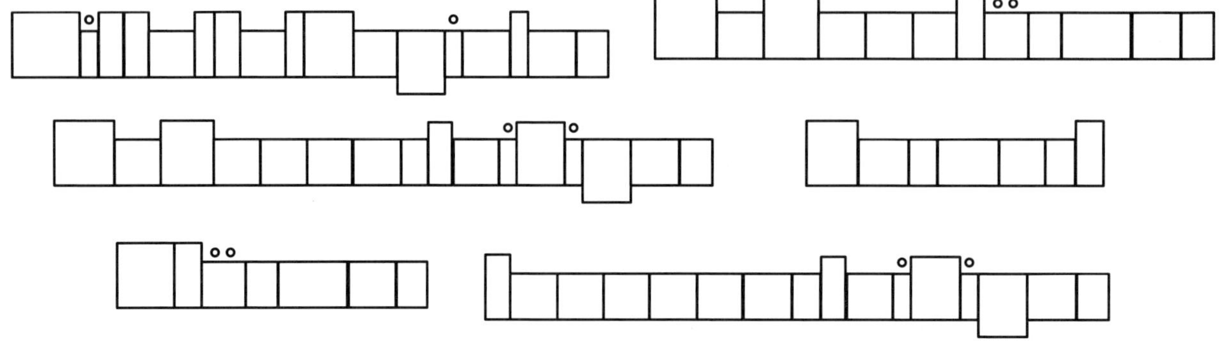

Fußball – Situationen auf dem Spielfeld

Schneide die Textfelder aus und klebe sie unter das passende Bild.

Als **Foul** bezeichnet man ein unerlaubtes Verhalten.	Ein **Eckstoß** wird ausgeführt, wenn der Ball die Torlinie überquert und nicht ins Tor geht.	Die **Rote Karte** zeigt den Platzverweis eines Spielers an.
Beim **Einwurf** wirft ein Spieler den Ball wieder ins Spielfeld zurück.	Ein **Freistoß** bestraft das regelwidrige Verhalten eines Spielers.	Mit dem **Abpfiff** unterbricht oder beendet der Schiedsrichter das Spiel.

Fußball – Was gehört zusammen?

Kennst du diese Situationen auf dem Spielfeld?
Lies genau und verbinde die richtigen Satzteile.

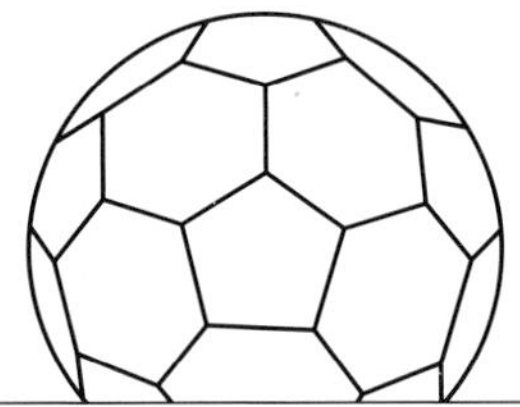

1 Mit dem „Abpfiff“	bestraft das regelwidrige Verhalten eines Spielers.
2 Ein „Eckstoß“	bezeichnet man ein unerlaubtes Verhalten.
3 Die „Rote Karte“	unterbricht oder beendet der Schiedsrichter das Spiel.
4 Als „Foul“	zeigt den Platzverweis eines Spielers an.
5 Beim „Einwurf“	wird ausgeführt, wenn der Ball die Torlinie überquert und nicht ins Tor geht.
6 Ein „Freistoß“	wirft ein Spieler den Ball wieder ins Spielfeld zurück.

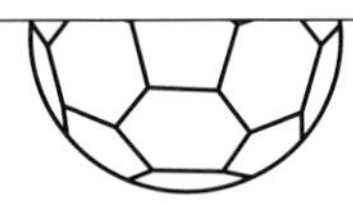

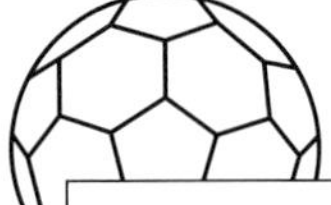

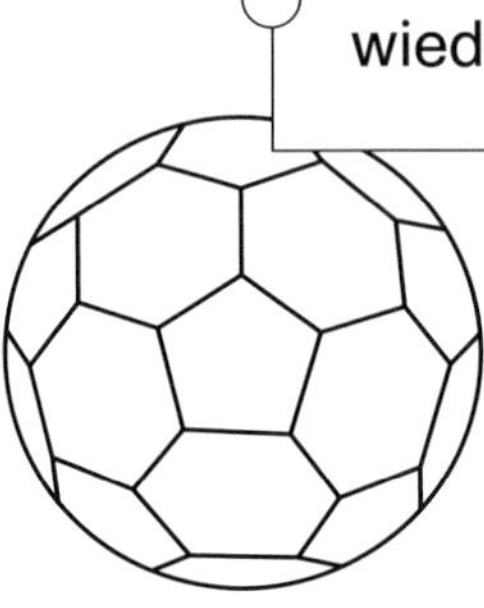

Fußball – Suchrätsel: Berühmte Vereine

Im Suchrätsel sind die Namen von fünf bekannten deutschen und fünf bekannten internationalen Fußballvereinen versteckt. Finde Sie! Die Namen können waagerecht oder senkrecht stehen.

H	W	J	U	X	C	I	I	F	K	I	Q	Y	D	I	N	U	O
V	B	O	R	U	S	S	I	A	D	O	R	T	M	U	N	D	I
I	A	X	B	Y	S	J	I	D	M	Y	E	U	P	X	B	W	L
S	Z	E	R	Z	S	O	D	E	F	S	Z	Y	B	M	R	L	Y
A	Z	M	A	N	C	H	E	S	T	E	R	U	N	I	T	E	D
Q	G	A	H	I	H	E	J	V	T	O	S	G	W	J	V	F	K
U	F	S	Z	B	A	Y	E	R	N	M	Ü	N	C	H	E	N	F
U	C	R	V	F	L	W	O	L	F	S	B	U	R	G	X	F	S
M	P	O	D	W	K	S	K	D	K	Y	L	N	T	L	D	H	N
K	O	M	Y	R	E	A	L	M	A	D	R	I	D	N	T	S	I
G	R	T	K	B	0	A	M	W	B	O	X	D	M	J	X	V	Q
W	T	I	Z	I	4	A	L	C	C	A	G	H	I	K	V	R	X
Z	O	S	A	J	A	X	A	M	S	T	E	R	D	A	M	T	U
C	U	Q	A	W	F	G	U	D	N	L	X	P	T	O	F	O	B

Deutsche Vereine:

HSV (Hamburger Sportverein)
Borussia Dortmund
Bayern München
Schalke 04
VfL Wolfsburg

Internationale Vereine:

Real Madrid
Manchester United
AS Rom
FC Porto
Ajax Amsterdam

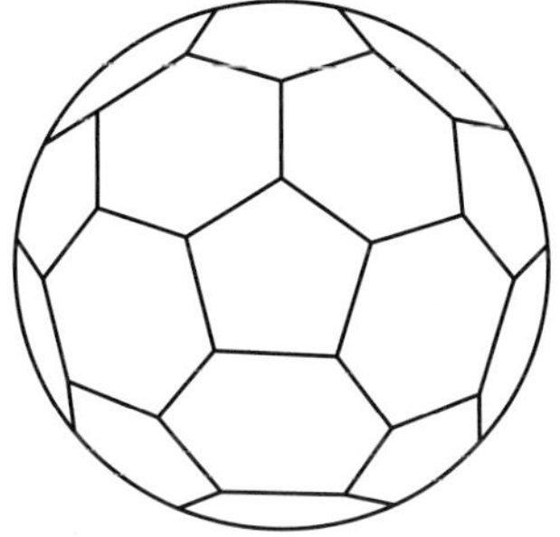

Fußball – verschossene Bälle im Stadion

Wohin haben die Schüler am Sportfest 32 Bälle verschossen?
Finde sie und male sie rot an.

Fußball – unser Klassenball

Gestalte den bunten Klassenfußball, mit dem deine Klasse das nächste Schulturnier gewinnen muss.

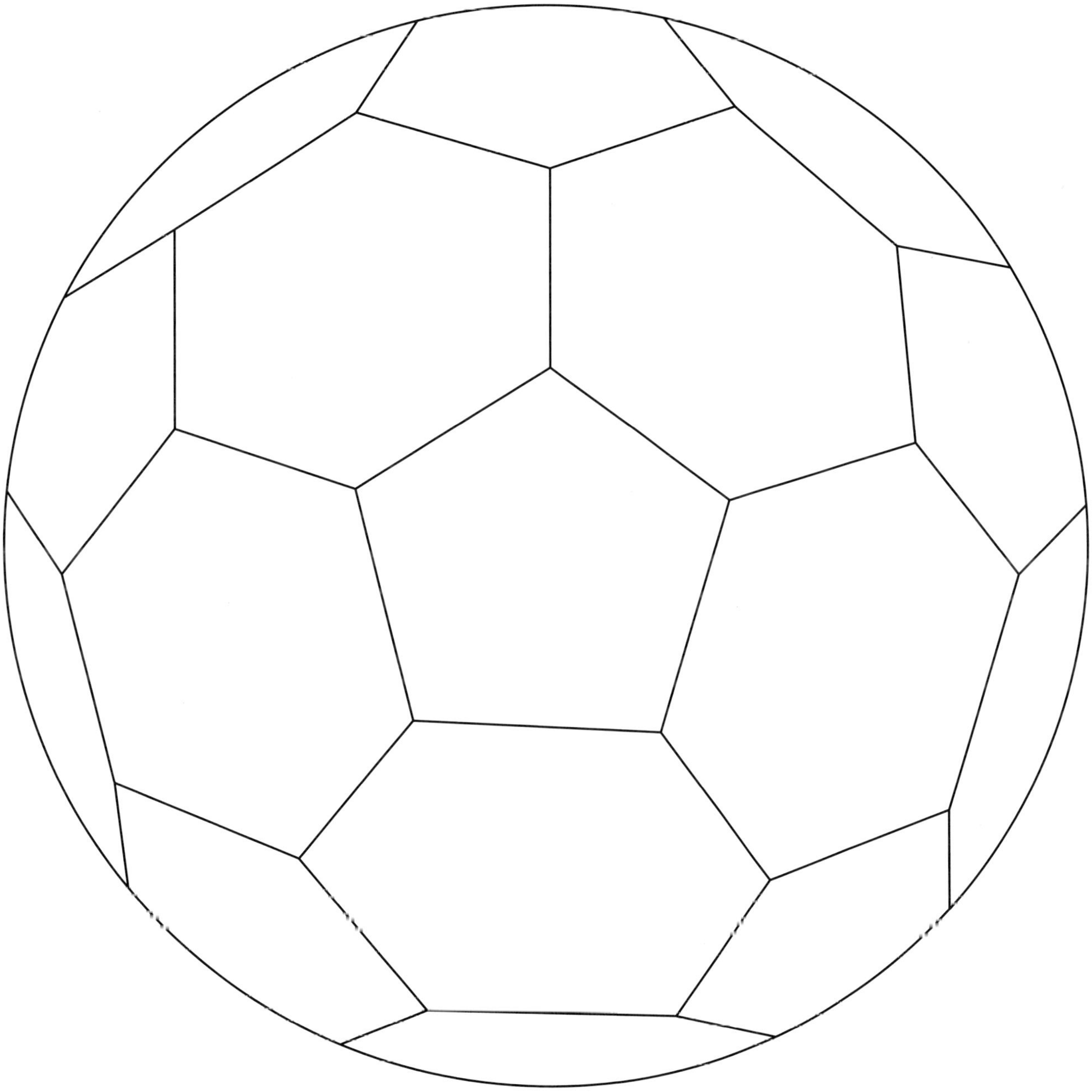

Fußball – Mandala

Male das Mandala bunt aus.

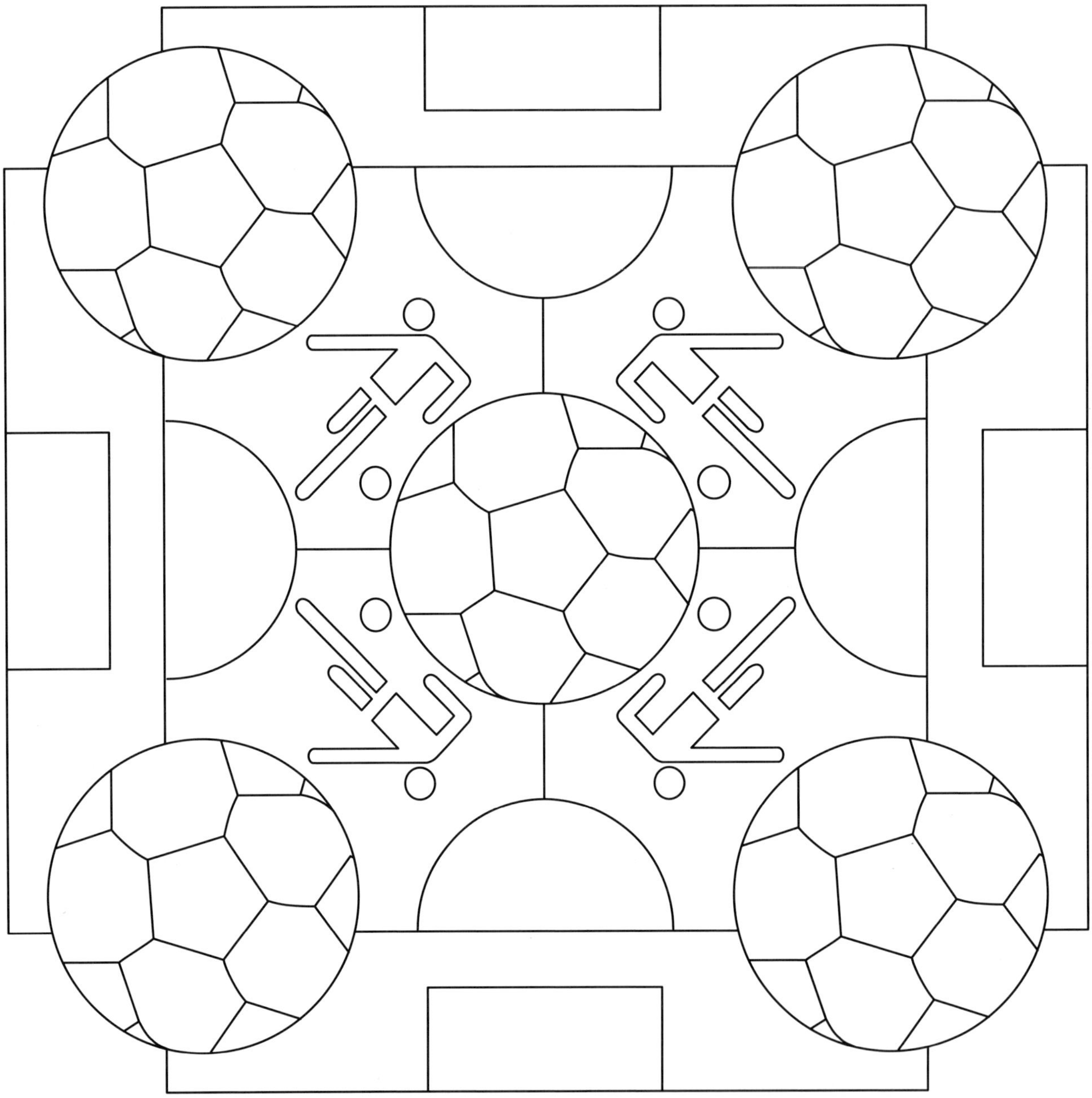

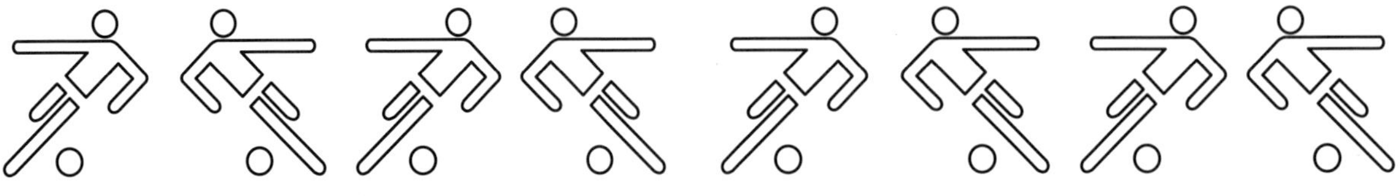

Barbara Jaglarz, Georg Bemmerlein: Sportunterricht im Klassenzimmer

Königsball – Zombieball – Brennball – Völkerball – Fußball

Für jede der fünf Ballspielarten ziehst du ein besonderes T-Shirt an. Male sie.

Königsball

Zombieball

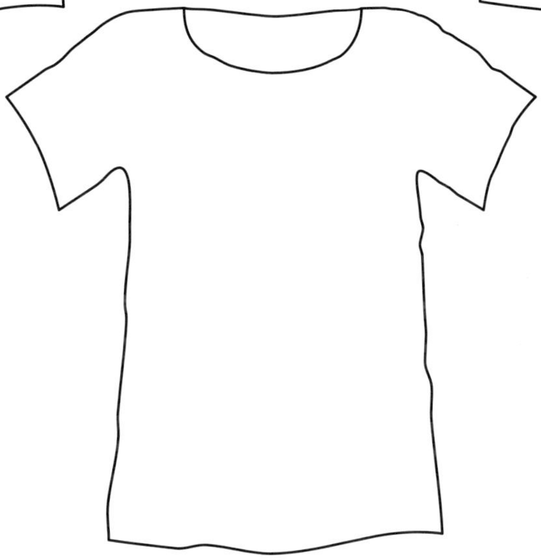

Brennball

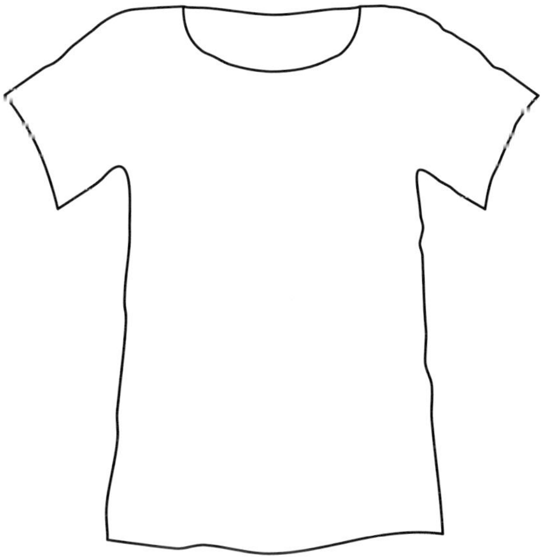

Völkerball

Fußball

Königsball – Zombieball – Brennball – Völkerball – Fußball

Gestalte für alle fünf Ballspielarten einen besonderen, coolen Ball.

Königsball

Zombieball

Brennball

Völkerball

Fußball

Barbara Jaglarz, Georg Bemmerlein: Sportunterricht im Klassenzimmer

Barbara Jaglarz, Georg Bemmerlein: Sportunterricht im Klassenzimmer

Barbara Jaglarz, Georg Bemmerlein: Sportunterricht im Klassenzimmer

Barbara Jaglarz, Georg Bemmerlein: Sportunterricht im Klassenzimmer

Königsball – Malaufgabe

Male für den König einen königlichen Sportschuh für das nächste Königsballspiel.

Barbara Jaglarz, Georg Bemmerlein: Sportunterricht im Klassenzimmer

Königsball – Malaufgabe

Male für den König einen königlichen Sportschuh für das nächste Königsballspiel.

Barbara Jaglarz, Georg Bemmerlein: Sportunterricht im Klassenzimmer

Zombieball – das Porträt

Wie stellst du dir einen echten Zombie vor? Male ihn.

Barbara Jaglarz, Georg Bemmerlein: Sportunterricht im Klassenzimmer

Zombieball – das Porträt

Wie stellst du dir einen echten Zombie vor? Male ihn.

Barbara Jaglarz, Georg Bemmerlein: Sportunterricht im Klassenzimmer

Barbara Jaglarz, Georg Bemmerlein: Sportunterricht im Klassenzimmer

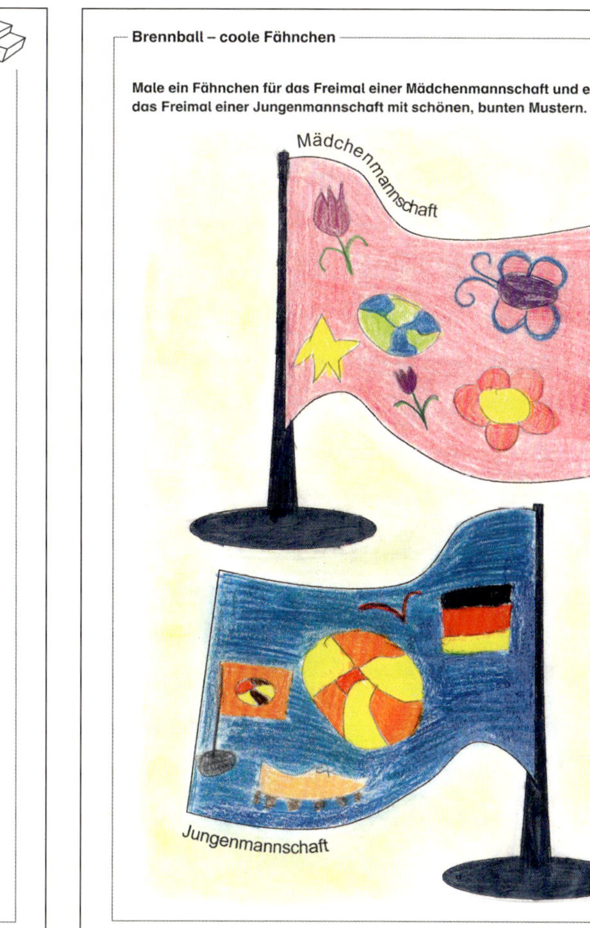

Barbara Jaglarz, Georg Bemmerlein: Sportunterricht im Klassenzimmer

Barbara Jaglarz, Georg Bemmerlein: Sportunterricht im Klassenzimmer

Barbara Jaglarz, Georg Bemmerlein: Sportunterricht im Klassenzimmer

Barbara Jaglarz, Georg Bemmerlein: Sportunterricht im Klassenzimmer

Barbara Jaglarz, Georg Bemmerlein: Sportunterricht im Klassenzimmer

Barbara Jaglarz, Georg Bemmerlein: Sportunterricht im Klassenzimmer

Barbara Jaglarz, Georg Bemmerlein: Sportunterricht im Klassenzimmer

Lösungen Seite 6–12

Seite 6

Viele Kinder können nur selten auf **Bäume** klettern und über Bäche und Gräben springen. Sie finden auch keine **Gelegenheit**, auf Baumstämmen zu laufen oder andere Hindernisse in der Natur zu überwinden. Das tun die Kinder deshalb in der **Sporthalle**. Hier können sie **lernen** und üben, wie man sich sicher und **gesund** bewegt. Sie heben, rollen, springen, **drehen** sich, steigen, klettern, rutschen, werfen, hängen, schaukeln und vieles mehr. Dafür gibt es entsprechende **Turngeräte**: Sprossenwände, Taue, Turnböcke, Turnbänke, **Turnmatten**, Sprungkästen und **viele** andere Geräte. Unter Anleitung und Aufsicht der **Sportlehrer** üben die Kinder diese Bewegungen, um sie später bei ihren **Hobbys** anwenden zu können, etwa beim Skateboardfahren und Inlineskaten, beim Schlittschuhlaufen, Windsurfen oder Bergsteigen.
Bei der **Arbeit** müssen die Menschen solche Bewegungen immer wieder **auführen**, etwa in Handwerksberufen, bei der **Feuerwehr** oder der Polizei, aber auch bei vielen **anderen** Berufen.

Seite 8

①	Sprossenwand
②	Turnbock
③	kleiner Turnkasten
④	Turnbank
⑤	Turnmatte
⑥	großer Turnkasten
⑦	Minitrampolin
⑧	Turnringe
⑨	Turnbarren

Seite 9

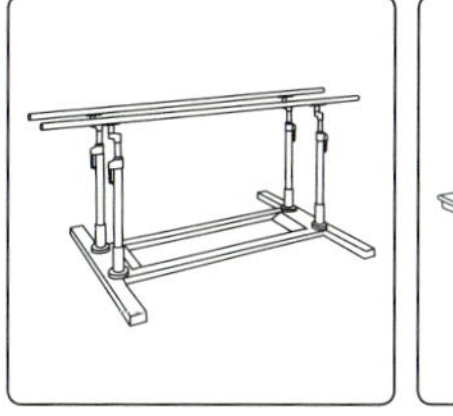

Am **Barren** dominieren Schwung- und Flugelemente.

Gleichgewicht, Kraft und Technik übt der Schüler auf der **Turnbank**. An die Sprossenwand gehängt, ist sie gut zum Rutschen.

Mit einem **Sprungbock** werden Stützsprünge und Turnelemente wie Aufknien, Aufhocken und Aufgrätschen geübt.

Dicke und weiche **Turnmatten** schützen Sportler bei Stürzen an Geräten oder werden gezielt als Sprungmatten genutzt.

Zum Klettern, Hängen und Schwingen des Körpers ist die **Sprossenwand** da.

Am **Sprungkasten** üben und verbessern alle ihre Sprungkraft.

Seite 10

erlaubt: Turnschuhe, lange Sporthose, Sportjacke, Knieschoner, Trainingsanzug, Stirnband, kurze Hose, Handtuch, Traubenzucker

Seite 11

Das Lösungswort für die richtigen Aussagen:

Du bist **PERFEKT**.

Achtung: Die falschen Buchstaben ergeben auch ein Lösungswort:

Größer als die Sporthalle ist das **STADION**.

Seite 12

Seite 16

Mit „Schwimmen" meinen die meisten **Menschen** Toben, Planschen und Baden, auch wenn dabei nur im Wasser gestanden oder gesessen wird. Viele Menschen tun das in ihrer **Freizeit**. Sie **schwimmen** in Naturgewässern wie Flüssen, Seen und im Meer oder in Frei-, Hallen- und Spaßbädern. Schwimmen wird aber auch zur Förderung der **Gesundheit** und als Wettkampfsport betrieben. Es kann auch für einen **Beruf** wichtig sein, etwa bei Rettungsschwimmern oder Berufstauchern.
Sportschwimmen ist ein **Wettkampf**, bei dem eine festgelegte Strecke möglichst geschwommen wird. Dabei müssen die **Schwimmer** einen festgelegten Schwimmstil **verwenden**. Schwimmwettbewerbe finden in Hallen- und Freibädern statt. Die **Längen** der Strecken sind 50 m, 100 m, 200 m, 400 m, 800 m, 1500 m und 5000 m.
Ein Wettkampfbecken in der **Halle** hat meist acht Bahnen. Wenn mehr Schwimmer **antreten**, als es Bahnen gibt, führt man mehrere **Läufe** durch. Die Bahnen sind durch **Leinen** voneinander getrennt, die Wellen von den Nachbarbahnen **abhalten** sollen. Auf dem Boden des Schwimmbeckens ist jede Bahnmitte zur **Orientierung** der Schwimmer durch einen 25 cm breiten **schwarzen** Strich gekennzeichnet.

Seite 17

Delfinschwimmen

Brustschwimmen

Freistilschwimmen

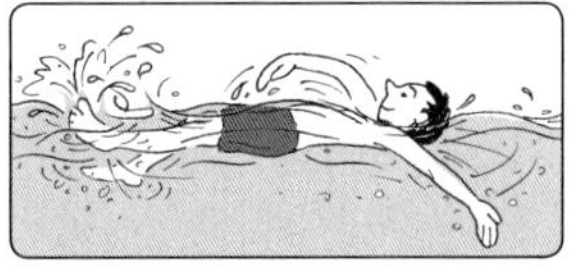
Rückenschwimmen

Seite 18

Das Lösungswort lautet: **BADEHOSE**

Seite 20

Es sind **27** Schwimmbretter.

Seite 24

Königsball ist ein einfaches und **spannendes** Ballwurfspiel und Fangspiel. Dabei spielen mehrere gleich große **Gruppen** gegeneinander. Eine Gruppe sollte mindestens sechs **Spieler** haben. Für jede Gruppe braucht man einen Ball.
Das Spiel geht so:
Die Spieler jeder Gruppe wählen einen **König**. Er steht mehrere **Meter** vor der Gruppe. Die anderen Spieler der Gruppe **stellen** sich hintereinander auf. Nach einem Anfangssignal **beginnen** die Könige dem **vordersten** Spieler ihrer Gruppe den Ball zuzuwerfen. Der fängt ihn, **wirft** ihn zurück
und setzt sich hin. Nun wirft der König den Ball zum **nächsten** stehenden Spieler der Gruppe, der zurückwirft und sich setzt. Fangen Spieler oder König den **Ball** nicht, wird der **Wurf** wiederholt. Hat sich der **letzte** Spieler der Gruppe gesetzt, wirft ihm der König den Ball erneut zu, während er aufsteht, um zurückzuwerfen. So steht von hinten Spieler um Spieler wieder auf, fängt und wirft. Die Gruppe ist **Sieger**, die als erste wieder vollständig steht.
Wenn das Spiel länger dauern soll, macht man es durch **zusätzliche** Regeln schwieriger.

Seite 26

FRUW: WURF – LLAB: BALL – RELEIPS: SPIELER – LEIPSGNAF: FANGSPIEL – EPPURG: GRUPPE – GINÖK: KÖNIG – REGEIS: SIEGER – LEIPSFRUWLLAB: BALLWURFSPIEL – LANGISSGNAFNA: ANFANGSSIGNAL – LLABSGINÖK: KÖNIGSBALL

Lösung Suchrätsel:

F	L	R	W	**S**	P	Z	H	U	H	P	K	M	F	L
Z	**K**	**Ö**	**N**	**I**	**G**	**S**	**B**	**A**	**L**	**L**	L	**S**	H	B
E	**Ö**	I	L	**E**	C	V	**A**	J	X	**G**	L	**P**	Y	S
Z	**N**	P	P	**G**	C	N	**L**	O	R	**R**	L	**I**	P	W
G	**I**	K	L	**E**	W	O	**L**	A	T	**U**	L	**E**	P	D
T	**G**	**W**	**U**	**R**	**F**	S	C	D	F	**P**	P	**L**	L	B
A	**B**	**A**	**L**	**L**	**W**	**U**	**R**	**F**	**S**	**P**	**I**	**E**	**L**	V
I	F	W	**F**	**A**	**N**	**G**	**S**	**P**	**I**	**E**	**L**	**R**	O	K
E	**A**	**N**	**F**	**A**	**N**	**G**	**S**	**S**	**I**	**G**	**N**	**A**	**L**	G
P	V	Q	A	W	C	X	E	H	S	V	L	A	L	S

Seite 28

Es sind **42** echte Königskronen.

Lösungen Seite 32 – 37

Seite 32

Zombieball gehört zu den **beliebtesten** Lauf- und Abwurfspielen. Man spielt es im **Freien** auf einer großen Fläche oder in einer Sporthalle. Zombieball lässt sich schon ab **acht** Personen spielen. Das Spiel erfordert einen **Schiedsrichter** und einen oder mehrere Softbälle.
Die Regeln gehen so:
Der Schiedsrichter **wirft** den Ball oder die Bälle ins Spielfeld. Dann versucht jeder **Spieler**, einen Ball zu fangen. Wer einen **Ball** hat, ist Jäger.
Er darf die anderen, die auf dem **Spielfeld** davonlaufen, abwerfen. **Abgeworfene** Mitspieler setzen sich auf eine Bank oder auf den Boden am Spielfeldrand. Der Jäger darf aber mit dem Ball höchstens zwei **Schritte** laufen. Dann muss er werfen. Wirft der **Jäger** daneben, darf der Nächste den Ball aufnehmen und wird Jäger. Geht der Jäger einen Schritt zu **viel** oder fängt ein Gejagter den Ball des Jägers, muss der Jäger auf die Bank. Kommt ein Jäger auf die **Bank**, dürfen die Spieler, die von ihm abgeworfen wurden, wieder zurück ins Spiel. Sind **mehrere** Spieler Jäger, können sie sich auch gegenseitig abwerfen. Das Spiel **endet**, wenn alle Spieler bis auf einen Jäger auf der Bank sitzen.

Seite 34

1 Das Spiel endet,	höchstens zwei Schritte laufen.
2 Wer den Ball hat,	im Freien.
3 Man kann Zombieball	wenn alle Spieler auf der Bank sitzen.
4 Zombieball spielt man am besten	ist Jäger.
5 Der Jäger darf mit dem Ball	schon ab acht Personen spielen.

1 Dort sitzen die Spieler, die abgeworfen wurden.	Es ist der Ball.
2 Er wirft die Bälle ins Spielfeld.	Es ist die Bank.
3 Er darf nur zwei Schritte mit dem Ball laufen.	Es ist die Sporthalle.
4 Sie ist geeignet zum Zombieballspielen.	Es ist der Jäger.
5 Alle Spieler versuchen, ihn zu fangen.	Es ist der Schiedsrichter.

Seite 35

Das Lösungswort für die richtigen Aussagen:
Du bist **SUPER**.

Achtung: Die falschen Buchstaben ergeben auch ein Lösungswort:
HALLE

Seite 36

	1	A	B	W	U	R	F	S	P	I	E	L	
			2	P	E	R	S	O	N	E	N		
							3	F	R	E	I	E	N
		4	S	C	H	R	I	T	T	E			
							5	B	A	L	L		
						6	J	Ä	G	E	R		
7	S	P	O	R	T	H	A	L	L	E			
			8	S	P	I	E	L	F	E	L	D	
				9	S	P	I	E	L	E	R		

Das Lösungswort lautet: **SOFTBÄLLE**

Seite 37

Lösungen Seite 41 – 45

Seite 41

Wie spielt man Brennball?
Brennball ist ein **uraltes** Spiel, das noch heute in den Schulen sehr viel gespielt wird. In den USA entstand daraus der **Nationalsportart** „Baseball“. Brennball spielt man so:
Die **Feldmannschaft** verteilt sich auf dem Spielfeld. Einer ihrer Spieler ist der **„Brenner“**. Die Laufmannschaft stellt sich hinter dem **Startmal** auf. Der erste Läufer wirft den Ball in das **Spielfeld** und rennt zum ersten Freimal. Die Feldspieler versuchen, den Ball zu **fangen**. Sie spielen den Ball zum „Brenner“, der den **Ball** in ein „Brennmal“ wirft. Ist das gelungen, müssen alle **Läufer**, die unterwegs sind, ein Freimal erreicht haben. Wer nicht auf einem **Freimal** steht, darf nicht mehr **weiterspielen** und die Feldmannschaft bekommt einen Punkt.
Da oft mehrere Läufer von Freimal zu Freimal unterwegs sind, kann dies auch gleichzeitig mehrere Läufer betreffen. Gelingt es einem Läufer, über die Freimale zurück zum Start- und **Zielmal** zu kommen, bekommt die Laufmannschaft einen **Punkt** und der Läufer bleibt im Spiel. Hat die Laufmannschaft keinen Werfer mehr, wechseln die **Mannschaften**. Wenn die zweite **Spielrunde** beendet ist, entscheidet die Punktzahl der Mannschaften, wer **gewonnen** hat.

Seite 42

①	Spielfeld
②	Laufrichtung
③	Laufmannschaft
④	Werfer
⑤	Feldmannschaft
⑥	Brenner
⑦	Start- und Zielmal
⑧	Erstes Freimal
⑨	Zweites Freimal
⑩	Drittes Freimal
⑪	Brennmal

Seite 43

Das Lösungswort für die richtigen Aussagen:
BRENNER

Achtung: Die falschen Buchstaben ergeben auch ein Lösungswort:
TORWART

Seite 44

LAMIERF: FREIMAL
GNUTHCIRFUAL: LAUFRICHTUNG
LLABNNERB: BRENNBALL
TFAHCSNNAMDLEF: FELDMANNSCHAFT
REFREW: WERFER
RENNERB: BRENNER
TFAHCSNNAMFUAL: LAUFMANNSCHAFT
DLEFLEIPS: SPIELFELD
LAMLEIZ: ZIELMAL
LAMNNERB: BRENNMAL

Lösung Suchrätsel

F	A	W	H	E	**F**	C	F	N	W	C	K	E	O	J
L	**L**	**A**	**U**	**F**	**R**	**I**	**C**	**H**	**T**	**U**	**N**	**G**	**W**	X
G	X	**B**	P	O	**E**	F	U	U	S	X	U	N	**E**	M
T	U	**R**	M	**Z**	**I**	**E**	**L**	**M**	**A**	**L**	H	S	**R**	B
A	**F**	**E**	**L**	**D**	**M**	**A**	**N**	**N**	**S**	**C**	**H**	**A**	**F**	**T**
M	R	**N**	V	**B**	**A**	S	V	R	Q	I	X	**S**	**E**	Z
W	G	**N**	V	**R**	**L**	K	X	K	N	R	S	**P**	**R**	P
F	T	**E**	J	**E**	D	Z	K	Y	P	F	Z	**I**	Q	B
N	B	**R**	E	**N**	M	Y	M	V	U	G	V	**E**	A	E
B	**R**	**E**	**N**	**N**	**B**	**A**	**L**	**L**	M	T	Q	**L**	C	H
L	**A**	**U**	**F**	**M**	**A**	**N**	**N**	**S**	**C**	**H**	**A**	**F**	**T**	A
B	S	Q	K	**A**	F	O	G	W	B	A	O	**E**	B	G
H	N	G	D	**L**	N	N	Q	Z	F	N	T	**L**	C	S
X	O	J	F	K	S	E	J	P	B	L	R	**D**	T	R

Seite 45

Ich habe **27** echte Spielerinnen und **14** echte Spieler gefunden.

Seite 49

Völkerball ist ein **sehr** altes Ballspiel. Schon vor 200 Jahren spielte man es so ähnlich wie heute. Die **Zahl** der Spieler ist nicht festgelegt. Man braucht aber **mindestens** sechs Spieler pro Mannschaft. Das **Spielfeld** kann beliebig groß sein. Die Spieldauer hängt von der **Geschicklichkeit** der Spieler ab. Aber wenn man die Regeln **schwieriger** macht, kann man dadurch die Spielzeit verlängern. Sieger ist die Mannschaft, der es als erste gelingt, alle Gegenspieler **abzuwerfen**.
Als **Ball** wird meist ein Soft-, Gummi- oder Volleyball verwendet. Besondere **Sportkleidung** ist nicht vorgeschrieben, meist wird in Sporthose, Trikot und Sportschuhen gespielt. In den verschiedenen **Gegenden** Deutschlands gibt es viele besondere Regelungen und auch verschiedene Begriffe für die Spieler. Beispielsweise heißt der **wichtigste** Spieler König, Hintermann, Strohmann, Torwart, Grenzwächter, **Spion**, Abgesandter oder Freigeist – je nachdem, in welcher deutschen Landschaft die Spieler zu Hause sind. Das Spiel verlangt von den **Teilnehmern** vor allem Schnelligkeit, **Gewandtheit**, Treff- und Fangsicherheit. Meist überwacht ein **Schiedsrichter** die Einhaltung der Regeln.

Seite 51

TRAWROT: TORWART
TSIEGIERF: FREIGEIST
TETDNASEGBA: ABGESANDTER
GINÖK: KÖNIG
NNAMRETNIH: HINTERMANN
NOIPS: SPION
RETHCÄWZNERG: GRENZWÄCHTER
NNAMHORTS: STROHMANN

Seite 53

W	M	M	M	Y	U	E	Q	Q	F	T	R	D	X
D	L	E	F	N	E	N	N	I	M	M	C	Z	J
L	C	M	Z	S	G	I	T	B	I	P	L	B	X
E	V	J	R	O	I	H	K	L	T	F	E	T	G
F	D	I	N	D	P	K	V	C	T	S	L	X	V
N	G	N	U	Z	N	E	R	G	E	B	Z	V	G
E	I	E	D	N	I	D	O	T	L	C	O	J	P
S	W	A	H	V	F	Y	D	H	L	T	N	I	C
S	A	U	S	S	E	N	S	P	I	E	L	E	R
U	E	R	E	L	E	I	P	S	N	E	N	N	I
A	I	T	U	F	B	R	R	T	I	A	K	G	H
Z	H	P	E	I	N	I	L	N	E	T	I	E	S
U	P	H	P	I	M	M	A	W	M	B	A	H	V
W	C	G	W	W	V	W	A	C	L	W	T	J	Y
X	P	J	K	Y	K	Q	R	Y	Q	W	F	H	D
R	U	G	R	U	N	D	L	I	N	I	E	D	O
J	G	U	C	W	A	U	L	D	B	D	I	X	O
H	E	N	M	T	S	M	W	R	A	A	I	E	I

Seite 54

Das Lösungswort für die richtigen Aussagen:
SOFTBALL

Achtung: Die falschen Buchstaben ergeben auch ein Lösungswort:
BALLWURF

Seite 55

Es sind **24** Bälle.

Lösungen Seite 59–60

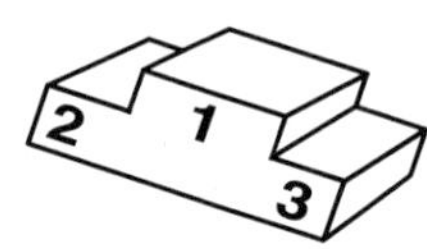

Seite 59

Fußball ist eine der **beliebtesten** Sportarten weltweit. Es ist eine Ballsportart, bei der zwei Mannschaften auf einem großen, **rechteckigen** Spielfeld gegeneinander spielen. Jede **Mannschaft** hat auf ihrer Seite ein Tor. Es liegt jeweils am **Ende** des Spielfeldes in der Mitte der Schmalseite. Ein Tor ist erzielt, wenn der **Gegner** den Ball über die Torlinie ins Tor bringt. Das Spiel **dauert** normalerweise zweimal 45 Minuten. Sieger ist die Mannschaft, die am Ende der Spielzeit mehr **Tore** erzielt hat. Ein Spiel kann unentschieden enden. Manchmal wird die **Spielzeit** verlängert oder zuletzt ein sogenanntes „Elfmeterschießen“ durchgeführt, um einen Sieger zu finden. Eine Mannschaft **besteht** aus zehn Feldspielern und einem Torwart. Feldspieler dürfen den Ball nicht mit Händen oder Armen spielen. Die Mannschaftsspieler tragen **einheitliche** Kleidung mit Nummern. Je nach Aufgabe im Spiel unterscheidet man Verteidiger, Mittelfeldspieler und Stürmer.
Nur der **Torwart** darf innerhalb eines begrenzten Teiles des Spielfeldes, dem sogenannten „Strafraum“, Arme und Hände einsetzen. Seine Aufgabe ist es, den **Ball** daran zu hindern, die Torlinie zu überqueren. Dafür ist er mit speziellen Torwarthandschuhen **ausgerüstet**. Der Torwart trägt Kleidung, die ihn von seiner Mannschaft unterscheidet.
Über Einhaltung der Regeln wacht ein **Schiedsrichter** auf dem Spielfeld zusammen mit zwei Schiedsrichterassistenten am Spielfeldrand.

Seite 60

1 Torwart
2 Außenverteidiger
3 Innenverteidiger
4 Mittelfeldspieler
5 Stürmer
6 Außenstürmer

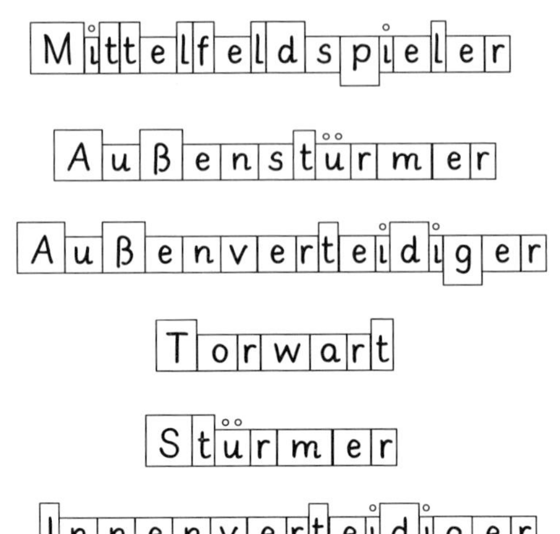

Seite 61

Mit dem **Abpfiff** unterbricht oder beendet der Schiedsrichter das Spiel.

Ein **Eckstoß** wird ausgeführt, wenn der Ball die Torlinie überquert und nicht ins Tor geht.

Als **Foul** bezeichnet man ein unerlaubtes Verhalten.

Ein **Freistoß** bestraft das regelwidrige Verhalten eines Spielers.

Die **Rote Karte** zeigt den Platzverweis eines Spielers an.

Beim **Einwurf** wirft ein Spieler den Ball wieder ins Spielfeld zurück.

Lösungen Seite 62–64

Seite 62

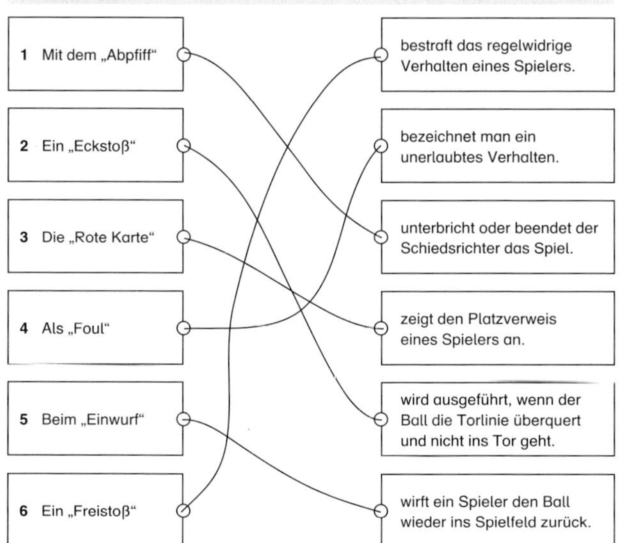

Seite 63

H	W	J	U	X	C	I	I	F	K	I	Q	Y	D	I	N	U	O
V	**B**	**O**	**R**	**U**	**S**	**S**	**I**	**A**	**D**	**O**	**R**	**T**	**M**	**U**	**N**	**D**	I
I	A	X	B	Y	S	J	I	D	M	Y	E	U	P	X	B	W	L
S	Z	E	R	Z	**S**	O	D	E	F	S	Z	Y	B	M	R	L	Y
A	Z	**M**	**A**	**N**	**C**	**H**	**E**	**S**	**T**	**E**	**R**	**U**	**N**	**I**	**T**	**E**	**D**
Q	G	**A**	H	I	**H**	E	J	V	T	O	S	G	W	J	V	F	K
U	**F**	**S**	Z	**B**	**A**	**Y**	**E**	**R**	**N**	**M**	**Ü**	**N**	**C**	**H**	**E**	**N**	H
U	**C**	**R**	**V**	**F**	**L**	**W**	**O**	**L**	**F**	**S**	**B**	**U**	**R**	**G**	X	F	S
M	**P**	**O**	D	W	**K**	S	K	D	K	Y	L	N	T	L	D	**H**	N
K	**O**	**M**	Y	**R**	**E**	**A**	**L**	**M**	**A**	**D**	**R**	**I**	**D**	N	T	**S**	I
G	**R**	T	K	B	**0**	A	M	W	B	O	X	D	M	J	X	**V**	Q
W	**T**	I	Z	I	**4**	A	L	C	C	A	G	H	I	K	V	R	X
Z	**O**	S	**A**	**J**	**A**	**X**	**A**	**M**	**S**	**T**	**E**	**R**	**D**	**A**	**M**	T	U
C	U	Q	A	W	Г	G	U	D	N	L	X	P	T	O	F	O	B

Seite 64